Milan Freudenberg

# Generation Smartphone

Digitalisierung des stationären Handels
mittels Smartphone

**Freudenberg, Milan: Generation Smartphone. Digitalisierung des stationären Handels mittels Smartphone, Hamburg, Igel Verlag RWS 2016**

Buch-ISBN: 978-3-95485-344-1
PDF-eBook-ISBN: 978-3-95485-844-6
Druck/Herstellung: Igel Verlag RWS, Hamburg, 2016

**Bibliografische Information der Deutschen Nationalbibliothek:**
Die Deutsche Nationalbibliothek verzeichnet diese Publikation in der Deutschen Nationalbibliografie; detaillierte bibliografische Daten sind im Internet über http://dnb.d-nb.de abrufbar.

© Igel Verlag RWS, Imprint der Diplomica Verlag GmbH
Hermannstal 119k, 22119 Hamburg
http://www.diplomica.de, Hamburg 2016
Printed in Germany

# Inhaltsverzeichnis

# Erklärung zum Allgemeinen Gleichbehandlungsgesetz

**§ 1 AGG: Ziel des Gesetzes:**

*„Ziel des Gesetzes ist es, Benachteiligungen aus Gründen der Rasse oder wegen der ethnischen Herkunft, des Geschlechts, der Religion oder Weltanschauung, einer Behinderung, des Alters oder der sexuellen Identität zu verhindern oder zu beseitigen."*

(Quelle: o.V., Arbeitsgesetze, 2015)

Zur leichteren Lesbarkeit wurde stellvertretend für beide Geschlechter die grammatikalisch maskuline Form verwendet, davon ausgeschlossen sind Zitate. Ich weise daraufhin, dass diese Verwendung lediglich der Vereinfachung dient und keinen diskriminierenden Hintergrund bezüglich Geschlecht, Religion, ethnischer Herkunft oder aus einem anderen Grund besitzt. In dieser Arbeit wird die Würde eines jeden Menschen respektiert.

# Abbildungsverzeichnis

# Abkürzungsverzeichnis

| | |
|---|---|
| App | Applikation |
| Bspw. | beispielsweise |
| Bzgl. | Bezüglich |
| bzw. | Beziehungsweise |
| CBC | Customer Buying Cycle |
| CRM | Customer Relationship Management |
| EAN | European Article Number |
| Ebd. | ebenda |
| Etc. | et cetera |
| ggf. | gegebenenfalls |
| GSM | internationaler Standard für digitale Funknetze |
| i.d.R. | in der Regel |
| iOS | iPhone Software |
| NFC | Near Field Communication |
| o. dgl. | oder dergleichen |
| PC | Personal Computer |
| PDA | Personal Digital Assistant |
| POS | Point of Sale |
| QR-Codes | Quick-Response-Code |
| ROI | Return of Investment |
| S. | Seite |
| SMS | Short Message Service |
| u.a. | unter anderem |
| Vgl. | Vergleiche |
| WLAN | drahtloses lokales Netzwerk - LAN |
| z.B. | Zum Beispiel |

# 1. Einleitung

„Immer den Kopf gesenkt und den Blick auf das Smartphone gerichtet - so geht eine ganze Generation durch die Welt."[1] Seit seiner Einführung im Jahre 1983 hat sich das Mobiltelefon vom Prestigeobjekt des Managements rasant zum multifunktionalen Alleskönner für die breite Masse entwickelt, das sowohl im Berufsleben als auch in der Freizeit ein unverzichtbarer Begleiter geworden ist.[2]

So wischen bereits Kleinkinder mit ihren Fingern über das Smartphone oder Cover von Hochglanz-Magazinen, da sie mit der erlernten Swipe-Bewegung eine Interaktion erwarten.[3] Musik-CDs verstauben nicht mehr in Regalen, die Tracks werden stattdessen von den Jugendlichen auf dem Schulweg per Spotify-Streaming angehört, Zeitungen durch Online-Nachrichtendienste ersetzt und neuste Infos und Trends in Whatsapp-Chat-Gruppen diskutiert.[4] Kurzum: Das Smartphone ist heute integraler Bestandteil des Alltags und nicht mehr wegzudenken.

Zu seinen Anfangszeiten wurde das Handy lediglich zum Telefonieren genutzt, wobei es später um die Funktion der SMS (Short Message Service) erweitert wurde.[5] Heutzutage wird das Handy für viele weitere Dienste wie unter anderem zur Terminplanung, als Wecker, zu Preisvergleichen, als Bezahlfunktion oder als Multimediagerät – wie oben beschrieben – genutzt. Aufgrund dessen ist das Smartphone, also die Kombination der Funktionen eines Handys mit denen eines „PDA's" (Personal Digital Assistant), eine Art Organizer, letztendlich das Produkt, auf das die Unternehmen mehrheitlich setzen.[6] Voraussetzungen hier sind lange Akkulaufzeiten, hochwertige Touchscreens und eine Kamera, die gestochen scharfe Fotos schießen kann.

Neben der Entwicklung des Handys hin zum Multimedia-Smartphone hat sich auch der Handel mit Hilfe der Digitalsierung weiterentwickelt. So ist es seit Mitte der neunziger Jahre möglich, via Internet einzukaufen. Mit der Einführung des mobilen Internets und des Smartphone spielen Zeit und Raum keine wesentliche Rolle mehr, der Online-Einkauf ist bequem 24 Stunden, sieben Tage die Woche möglich.[7] Dies führt auch zu einem gewandelten Konsumentenverhalten.

Aufgrund dessen beschäftigt sich die vorliegende Arbeit mit der Generation Smartphone - Digitalisierung des stationären Handels mittels Smartphone. Im ersten Schritt wird dabei der Generationenbegriff erläutert, abgegrenzt und definiert, um die wesentlichen Charakteristika der Generation Smartphone herauszuarbeiten und um im

---

[1] Vgl. Original aus Knauß, 2014.
[2] Vgl. Holland/Bammel, 2006, S. 1.
[3] Vgl. hierzu und im folgenden Knauß, 2014.
[4] Vgl. hierzu und im folgenden Wels, 2014.
[5] Vgl. Holland/Bammel, 2006, S. 5.
[6] Vgl. ebd., S. 6.
[7] Vgl. von Schnakenburg, 2011, S.1.

Anschluss daran das geänderte Medienverhalten der oben besagten Generation zu analysieren.

Daran anknüpfend wird die Smartphone - Nutzung im stationären Handel thematisiert, indem vorab der Begriff des stationären Handels näher erläutert und sowohl auf die Funktionen als auch auf die gegenwärtigen Herausforderungen der stationären Handelsunternehmen eingegangen wird. Zur Veranschaulichung werden vier Praxis-beispiele dargestellt, die die aktuellen Chancen in Bezug zur Smartphone - Nutzung im Handel und die Möglichkeiten einer Einbindung darlegen.

Da sich der Kaufentscheidungsprozess der Konsumenten weiterentwickelt hat, wird dieser ebenfalls detailliert durchleuchtet. Angrenzend dazu wird das Thema Mobile Commerce, basierend auf den Grundlagen des E-Commerce aufgegriffen und dargestellt.

Schwerpunkt der vorliegenden Arbeit ist eine Umfrage zum Smartphone-Nutzungs-verhalten der Studierenden an der Jade Hochschule in Wilhelmshaven mit dem Thema „Die Generation Smartphone - eine Chance für den stationären Handel?", die in einem Zeitraum von vier Wochen durchgeführt wurde. Neben dem Aufbau des Fragebogens sowie der Zielsetzung der Umfrage stehen die Auswertungen und Analysen der Ergebnisse im Fokus des Unterkapitels, die mittels Grafiken veranschaulicht und im Rahmen von Vergleichsumfragen untermauert werden.

Daraus resultierend werden Empfehlungen für stationäre Handelsunternehmen abgeleitet, die sowohl auf den Ergebnissen der Literaturrecherche als auch auf den Umfrageergebnissen basieren, um Möglichkeiten aufzuzeigen, das Smartphone im stationären Handel erfolgreich einzubinden. Eben dieser darf durch die Digitalisierung und durch das geänderte Konsumentenverhalten nicht den Anschluss verlieren, zumal sich das Internet und das Smartphone für viele potentielle Konsumenten gegenwärtig zum Lebensmittelpunkt entwickelt haben.[8] Entscheidend für den stationären Handel ist es daher, die Beziehung zwischen Konsument und Smartphone zu verstehen, um daraufhin die Ausrichtung der Online- und Offlinekanäle sinnvoll miteinander zu verknüpfen.

---

[8] Vgl. Heinemann, 2014, S. 1.

## 2. Generation Smartphone

### 2.1. Definition der Generation Smartphone

Um im ersten Schritt die Generation Smartphone als wesentliche Zielgruppe der vorliegenden Arbeit charakterisieren zu können, ist es notwendig, den Begriff der Generation zu definieren, die Kernelemente der Generation Smartphone herauszu-arbeiten und diese in den Generationenkontext der Generation X, Y und Z einzuordnen und zu vergleichen.

Grundsätzlich wird der Begriff der Generation dabei in der Soziologie als „Gesamtheit der Menschen ungefähr gleicher Altersstufe mit ähnlicher sozialer Orientierung und Lebensauffassung" definiert.[9]
Neben den Geburtsjahrgängen spielen also auch das Erleben wichtiger Ereignisse und gemeinsamer gesellschaftlicher Entwicklungen sowie soziale Rahmenbedingungen zur Ausgestaltung von Werten und Verhalten eine bestimmende Rolle.[10] Zu berück-sichtigen ist jedoch, dass die nachfolgend zu den Generationen zugeordneten Charakteristika lediglich der Stereotypisierung dienen und die jeweiligen Individuen der Generation nur bedingt widerspiegeln.
Die „Generation Smartphone" ist in diesem Falle die erste Generation, die komplett in der digitalen Welt aufgewachsen ist und schon seit dem Kindesalter Erfahrungen mit den neuesten Technologien sammeln konnte.[11] Auch die Art der Kommunikation untereinander ist von der persönlichen Ebene auf die digitale Ebene transferiert worden.[12] Die Generation Smartphone lässt sich weitestgehend zur Generation Z sowie zu den letzten Jahrgängen der Generation Y zählen.[13] Um diese Einordnung zu untermauern, wird im nächsten Schritt ein genereller Vergleich der Generationen vorgenommen.

### 2.2. Vergleich der Generation X,Y und Z

Im Folgenden werden die Generationen X, Y und Z im Detail erläutert, wobei im Anschluss daran die oben getroffene Aussage zur Einordnung der Generation Smartphone verifiziert werden soll.

---

[9] Vgl. Duden, 2016a.
[10] Vgl. Mangelsdorf, 2015, S. 12.
[11] Vgl. Rieder, 2014.
[12] Vgl. Scholz, 2015.
[13] Vgl. Rieder, 2014.

## Die Generation X

Die Generation X wird als Generation bezeichnet, die zwischen 1963 und 1980 geboren wurde.[14] Der Begriff „Generation X" stammt aus dem gleichnamigen Roman von Douglas Coupland („Generation X: Tales for an Accelerated Culture") und beschreibt eine Generation, die sich neben einem hohen Bildungsniveau und einem ausgeprägtem Konsumverhalten auch durch Egoismus und Andersartigkeit kennzeichnet. Faktoren wie Wohlstand, Karriere und Sicherheit standen im Fokus, insbesondere vor dem Hintergrund damaliger wirtschaftlicher Krisen, Arbeitslosigkeit oder Entlassungen. Auch Individualismus, bspw. durch das Infrage stellen der bisherigen traditionellen Werte wie Ehe, Glaube und Familie waren Bestandteil der Generation.[15] Die neu gewonnenen Wahlmöglichkeiten bezüglich der Lebens- gestaltung nahmen auch im Berufsleben Gestalt an, bspw. bei flexiblen Arbeitszeiten sowie dem Streben nach einem kombinierbaren Berufs- und Privatleben; Stichwort „Work-Life-Balance".[16] Eine positive Aufgeschlossenheit gegenüber neuartigen Themen und technischen Entwicklungen waren zu erkennen.[17] So etwa erlebte die Generation X die Einführung des PCs, der E-Mail und die Kommunikation via SMS. Aufgrund dieser Aufgeschlossenheit wird die Generation auch als „Digital Immigrants" bezeichnet. [18]

## Die Generation Y

Der Begriff Generation Y wurde erstmals 1993 in einer amerikanischen Marketing Fachzeitschrift „Advertising Age" publiziert und zielt auf die Menschen, die zwischen 1981 bis 1995 geboren wurden.[19] Eine allgemeingültige zeitliche Hinterlegung der „Generation Y" gibt es nicht. So variieren die Einteilungen zwischen 1977-1998 bis hin zu 1984-1994.[20] Gleiches gilt für die Namensgebung. Generation Y (Y = Why) steht für das Hinterfragen bisheriger Strukturen. Alternativ wird die Generation Y auch als „Digital Natives" oder als „Millenials" betitelt. Der intuitive Umgang mit der Technik rund um Smartphone, Tablet und Social Media führen zum „Digital Native".
Die Generation Y gilt als gut ausgebildet. Auch hier ist die Relevanz einer ausgeglichenen Work-Life-Balance stark ausgeprägt, wird aber im Vergleich zur Generation X auch entsprechend eingefordert.

---

[14] Vgl. Parment, 2009, S. 16.
[15] Vgl. Karl, 2015, S. 26.
[16] Vgl. Hauke/Ivanova, 2008, S. 51.
[17] Vgl. Karl, 2015, S. 26.
[18] Vgl. Internet World Business, 2014, S. 9.
[19] Vgl. hierzu und im folgenden Karl, 2015, S. 27f, sowie Meister/Willyerd, 2010, S. 39.
[20] Vgl. hierzu und im folgenden Karl, 2015, S. 26f.

Daneben stehen auch die Sinnfrage, die Selbstverwirklichung, Freiheit sowie der Spaß an der Arbeit im Fokus und werden individuell höher gewertet als Karriere und Aufstieg. Für die Generation muss der Beruf nicht nur ein Bestandteil des Lebens sein, er muss eine Erfüllung darstellen.[21] Dadurch stellen die „Digital Natives", die globalste, vielsprachigste und örtlich wie zeitlich flexibelste Generation dar, die jemals in der Arbeitswelt Fuß gefasst hat.

## Generation Z

Die Generation Z beinhaltet alle nach 1995 Geborenen, die in einer digitalisierten Welt aufgewachsen sind.[22] Dies bedeutet, 24 Stunden am Tag „on" zu sein. Die Medien und Technologien sind allgegenwärtig verfügbar, Tablets, Touchscreens und mobile Endgeräte selbstverständlich. Die permanente Onlinekommunikation in sozialen Netzwerken ist integraler Bestandteil des Alltags.[23] Ziel der Generation Z ist die Maximierung der eigenen Lebensqualität, da sie im relativen Wohlstand aufgewachsen sind. Daher ist die Generation hochgradig auf eigene Ziele konzentriert und weniger teamorientiert.[24] Nichtsdestotrotz ist auch der Sicherheitsaspekt in der globalisierten Welt – geprägt durch Terrorismus, Finanzkrisen und Umweltkatastrophen – für die Generation Z essentiell.[25] Dies spiegelt sich auch in der Arbeitswelt wider, die Generation Z sucht klare Arbeitsstrukturen statt offener Flexibilität, ihr Ziel lautet daher Stabilität und Sicherheit.[26]

Unter Berücksichtigung der oben genannten Attribute der Generationen und in Anbetracht der Definitionen kann die Generation Smartphone als Bestandteil der Generation Z sowie der letzten Jahrgänge der Generation Y gesehen werden.
In der nachfolgenden Abbildung 1 sind die drei Generationen zusammenfassend mit den jeweiligen Charakteristika aufgelistet, die sowohl den persönlichen Wandel eben dieser als auch die digitale Revolution widerspiegeln.

---

[21] Vgl. hierzu und im folgenden Meister/Willyerd, 2010, S. 39.
[22] Vgl. Karl, 2015, S. 27.
[23] Vgl. Mangelsdorf, 2015, S. 21.
[24] Vgl. Scholz, 2015.
[25] Vgl. Mangelsdorf, 2015, S. 20f.
[26] Vgl. Scholz, 2015; sowie Mangelsdorf, 2015, S. 20f.

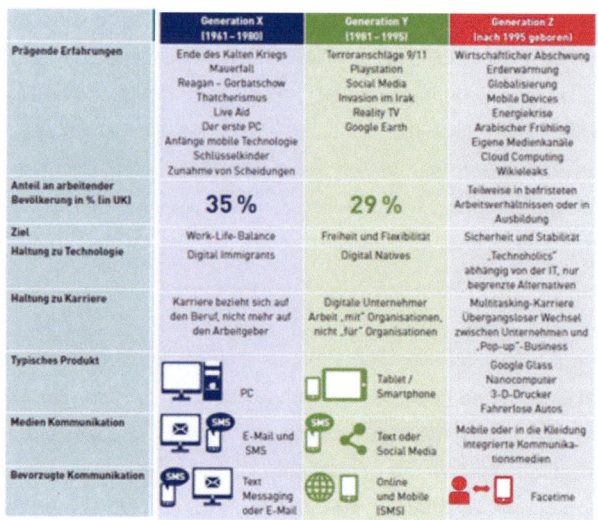

*Abbildung 1: Die Generationen, ihr Umfeld und ihre Vorlieben*
*(Quelle: Internet World Business, 2014, S.9.)*

Im Anschluss an die Differenzierung der verschiedenen Generationen sowie die Einordnung der Generation Z soll nun das geänderte Mediennutzungsverhalten der Generation Z betrachtet werden.

## 2.3. „Always - on"- Veränderte Mediennutzung der Generation Z

„Always - on" bedeutet, immer und überall erreichbar zu sein. Grundlage hierfür ist die zunehmende Verbreitung von Smartphones und die sich wandelnde Mentalität der ständigen Erreichbarkeit im Internet.[27]

Die folgende Statistik spiegelt hierbei im ersten Schritt die Anzahl der Internetnutzer weltweit von 1997 - 2014 wider.[28]

---

[27] Vgl. Heinemann, 2015, S. 1.
[28] Vgl. Statista, 2015a.

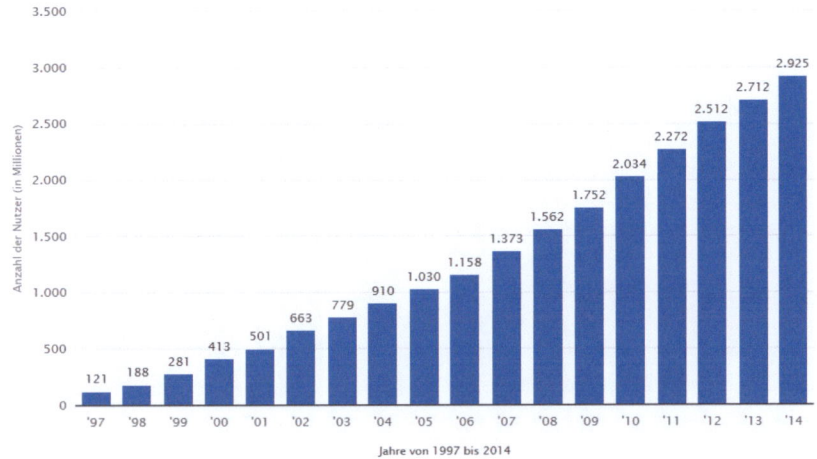

*Abbildung 2: Anzahl der Internetnutzer weltweit von 1997 bis 2014 (in Millionen)*
*(Quelle: Statista, 2015)*

Anhand der Grafik ist erkennbar, dass die Anzahl der Internetnutzer von 2007 bis 2014 um ca. 47 Prozent auf weltweit 2,925 Milliarden Menschen gestiegen ist. Aktuelle Untersuchungen gehen dabei davon aus, dass 2016 die Hälfte der Weltbevölkerung, also aktuell ca. 3,6 Milliarden der 7,2 Milliarden Menschen online sein wird.[29]

Die Ausweitung des Internetkonsums ist auf die gestiegene Nutzung von mobilen Endgeräten zurückzuführen. Seit September 2014 besitzt die Hälfte der Welt-bevölkerung mindestens ein Mobiltelefon, wobei wiederum ein Drittel aller Website-Aufrufe über ein Smartphone erfolgte.[30]

Bezogen auf die Bundesrepublik Deutschland steigt die Anzahl der Smartphone-Nutzer rasant an und hat bereits eine Mehrheit erreicht: Mehr als die Hälfte der deutsch-sprachigen Bevölkerung verfügt und vor allem nutzt ein internetfähiges Mobiltelefon im Jahr 2016.[31] Die folgende Abbildung prognostiziert ein Wachstum der Smartphone-Nutzer in Deutschland auf 71,4 Prozent in 2018. Zu berücksichtigen ist hierbei, dass bereits in 2015 die Bevölkerungsanzahl bei circa 81 Millionen Menschen lag und damit die Smartphone – Nutzung um einen nicht unerheblichen Anteil steigen wird.[32]

---

[29] Vgl. Kilech, 2015.
[30] Vgl. Heinemann, 2013, S. 23.
[31] Vgl. hierzu und im folgenden Heinemann/Gaiser, 2015, S. 1f.
[32] Vgl. Statistisches Bundesamt, 2016.

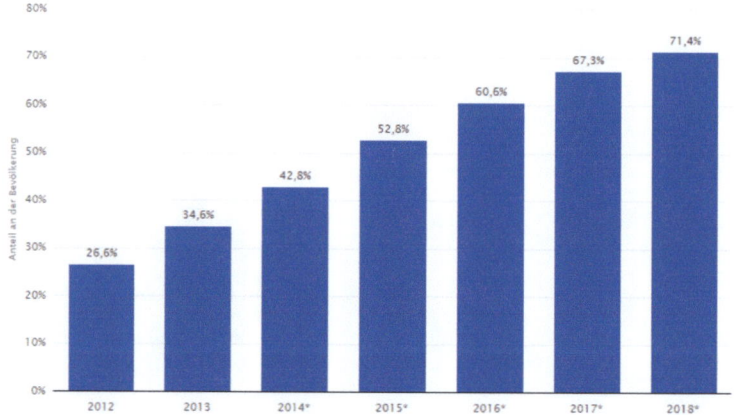

*Abbildung 3: Prognose zum Anteil der Smartphone-Nutzer in Deutschland von 2012 bis 2018*
*(Quelle: Statista, 2016)*

Aufgrund der nur langsam voranschreitenden Verbesserung der immer noch unzureichenden Netzinfrastruktur - gerade im Vergleich zu anderen europäischen Ländern - steht die mobile Internet-Technologie in Deutschland erst noch am Anfang und wird mit dem vermehrten Eintritt der Generation Z das Wachstum der Handels-landschaft weiterhin beschleunigen.[33] Für diese Generation löst sich der Unterschied zwischen dem mobilen und stationären Internet auf, der Internetzugang ist nicht mehr ortsgebunden, sondern immer dort, wo sich auch der Smartphone-Nutzer aufhält.[34]

Die Studie „Jung und vernetzt", durchgeführt vom Digitalverband Bitkom im Jahr 2014, verifiziert diese Erkenntnisse.[35] Als Grundlage der Studie dienten 962 Kinder und Jugendliche im Alter von sechs bis 18 Jahren.[36] Schon ein Fünftel, also 20 Prozent, der sechs bis siebenjährigen Kinder nutzten laut Studie ein Smartphone, wobei es sich hier in der Regel um das mobile Endgerät der Eltern handelte. Ab einem Alter von 10 Jahren erhielten die Kinder im Durchschnitt ein Mobiltelefon, für 85 Prozent der unter 12- bis 13-jährigen gehört die Smartphone-Nutzung schon zum Alltag. Bei den Kindern und Jugendlichen zwischen 10 und 18 Jahren besitzen 92 Prozent, also neun von zehn, ein eigenes Mobiltelefon oder Smartphone.

Bezüglich der Häufigkeit und der durchschnittlichen Dauer der Internetnutzung gab die oben genannte Gruppe der Befragten an, bereits in jungen Jahren „On" zu sein. So nutzten laut Studie 39 Prozent der Kinder im Alter von sechs bis sieben Jahren zumindest gelegentlich das Internet mit einer Dauer von 11 Minuten pro Tag. Bei der Altersgruppe der 8- bis 9-jährigen Kinder lag der Anteil derer, die zumindest

---

[33] Vgl. Heinemann/Gaiser, 2015, S. 2.
[34] Vgl. Heinemann, 2013, S. 23.
[35] Vgl. hierzu und im folgenden Bitkom, 2014.

gelegentlich das Internet nutzen, bereits bei 76 Prozent, auch die Nutzungsdauer erhöhte sich auf 22 Minuten am Tag. Die zum Befragungszeitraum 10- bis 11-jährigen Kinder gaben zu 94 Prozent an, das Internet gelegentlich zu nutzen. Betrachtet man die älteren Jahrgänge der 12- bis 13-jährigen, die der 14- bis 15-jährigen sowie der 16- bis 18-jährigen Jugendlichen (die Generation Smartphone), so wird ersichtlich, dass diese nahezu zu 100 Prozent das Internet nutzen und online sind. Lediglich an der Anzahl der Minuten pro Tag unterscheiden sie sich noch. 59 Minuten am Tag verbrachten die Kinder im Alter von 12 bis 13 Jahren im Internet, 34 Minuten länger hingegen nutzten die Jugendlichen im Alter von 14 bis 15 Jahren das World Wide Web und ganze 115 Minuten durchschnittlich am Tag verbringen die 16 bis 18 Jährigen im Netz. Auffallend im letztgenannten Alter ist der Anteil der Intensivnutzung, also drei Stunden und länger, die mit 16 Prozent im Schnitt errechnet wurde.

Die folgende Abbildung fasst die Ergebnisse der Bitkom-Umfrage zusammen.

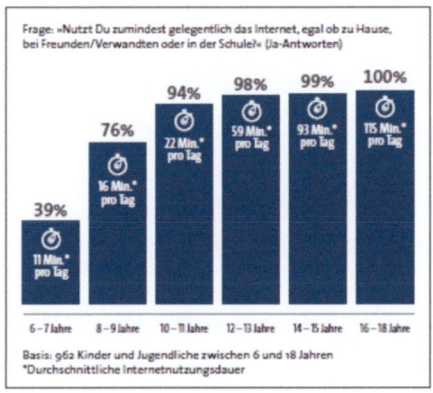

*Abbildung 4: Internetnutzung nach Altersgruppen*
*(Quelle: Bitkom, 2014.)*

Resultierend daraus wird ersichtlich, dass in Abhängigkeit zum Alter der Kinder und Jugendlichen die Häufigkeit und Dauer in Bezug auf die Internetnutzung zunimmt. Das Smartphone ist dabei insbesondere für die Jugendlichen im Alter von 16 bis 18 Jahren das wichtigste Zugangsgerät, hier sind ganze 89 Prozent der Jugendlichen mit ihrem mobilen Endgerät im Internet aktiv. [37]

---

[37] Vgl. Bitkom, 2014.

# 3. Smartphone-Nutzung im stationären Handel

## 3.1 Definition des stationären Handels

Der stationäre Handel wird im Allgemeinen als Handel von einem festen, unflexiblen Standort aus, bspw. ein Ladengeschäft mit unterschiedlichen Gütern und Dienstleistungen sowie einer individuell angepassten Sortiments- und Preispolitik charakterisiert.[38] Der stationäre Handel gilt als traditionelle Form des Handels und bietet dem Kunden die Möglichkeit, Produkte vor Ort zu testen, zu erwerben und sich bei aufkommenden Fragen direkt an die Mitarbeiter wenden zu können. Typische Vertriebsformen stellen Supermärkte, Fachmärkte und Discounter dar. In ihrer Sortimentspolitik unterscheiden sie sich dabei, dass Fachmärkte den Fokus auf einzelne Produktsparten legen, Discounter ein flaches Sortiment zu günstigen Preisen mit meistens nur einem Artikel anbieten und Supermärkte, die dem Konsumenten ein breites Produktsortiment gewährleisten.[39] Im Allgemeinen sind die individuelle Beratung des Kunden, die lokale Unmittelbarkeit und die Schaffung eines Einkaufserlebnisses, wobei der potentielle Konsument sich zum Kauf inspirieren lassen kann, wesentliche Vorteile des stationären Handels.[40]


### 3.1.1 Funktionen des stationären Handels

In Anlehnung an Seyffert stellt die Raumüberbrückungsfunktion den Ursprung der Handelsfunktion dar.[41] Sie zeichnet sich in Form einer Transportfunktion aus, bei der Produkte und Waren von unterschiedlichen Händlern in der Absatzkette überbrückt werden und dies wiederum den Erzeuger und Verwender zusammenführen. Neben dieser Funktion spielen zeitliche Unterschiede eine wichtige Rolle im Handel und so lässt sich die Zeitüberbrückungsfunktion in zwei Bereiche aufteilen. Zum einen in Form einer Lagerfunktion, die dem Abnehmer gewährleistet wird, um einen zeitlichen Ausgleich zwischen Angebots- oder Nachfrageüberhängen zu schaffen und zum anderen in Form einer Vordispositionsfunktion, bei der die Größe und Art des Bedarfes im Vorfeld ermittelt wird und so einen kontinuierlichen Beschaffungsgrad beim Hersteller, durch rechtzeitige und wiederkehrende Warenbestellungen, erzeugen.
Gleichermaßen ähnelt sich die Preisausgleichfunktion, bei der Wertschätzungsdifferenzen überbrückt werden, indem in Zeiten eines Überangebotes zu niedrigen Konditionen aufgekauft wird und ein schrittweiser Lagerabbau in Zeiten eines Nachfrageüberschusses stattfindet. Die Kreditfunktion ergibt sich aus der Über-

---

[38] Vgl. Heinemann, 2008, S. 19.
[39] Vgl. Wirtz, 2008, S. 34.
[40] Vgl. Kock, 2010, S. 40f.
[41] Vgl. hierzu und im folgenden Seyffert, 1972, S. 8f.

brückung der Zeit zwischen dem Kauf der Ware und dem Zahlungseingang, die eine Finanzierung des Handelsvorganges sichert. All diese Handelsleistungen stellen überbrückende Momente dar und fallen unter den ersten Bereich der Handelsfunktionen, den sogenannten Überbrückungsfunktionen.

Der zweite wesentliche Bereich der Handelsfunktionen kennzeichnet sich durch die an Waren gebundenen Funktionen, die häufig beim selbstständigen Handel in Erscheinung treten.[42] Die erste Warenfunktion spiegelt die Quantitätsfunktion, auch Mengenfunktion genannt, wider. Diese Funktion dient dem Ausgleich von Mengenunterschieden. Hierbei agiert der Händler einerseits als distribuierender Händler, indem er seine Waren in größeren Mengen einkauft als verkauft, um so günstigere Konditionen aushandeln zu können und andererseits in Form eines kollektierenden Händlers, der kleinere Mengen in Form von Sammeln beschafft und so ein verkaufsgeeignetes Sortiment zusammenstellt.

Neben der Quantität spielt zugleich auch die Qualität im Handel eine wichtige Rolle und so ergibt sie die Qualitätsfunktion. Sie drückt sich in Handelsleistungen aus, die sich auf die Ware verkaufsfördernd auswirken. Durch Maßnahmen, wie beispielsweise das vorherige Säubern, Aufbereiten, Verarbeiten oder Sortieren wird die Ware qualitativ verbessert und handelsfähiger gemacht.

Desweiteren gehört zum Bereich der Warenfunktionen die sogenannte Sortimentsfunktion, die sowohl vom Erzeuger als auch vom Verwender genutzt wird. Sie spiegelt sich darin wider, dass aus der Vielfalt des Warenangebotes am Beschaffungsmarkt eine konkrete Auswahl von Produkten zusammengestellt wird, die den Bedürfnissen der Konsumenten am ehesten entsprechen. Dadurch entstehen für beide Parteien Vorteile. Einerseits ist der Hersteller gegen eine einseitige Bevorzugung einzelner Abnehmer abgesichert, wodurch die Abnahme der Waren gewährleistet wird, andererseits wiederum hat auch der Abnehmer der Waren die Sicherheit, seine bevorzugten Waren im jeweiligen Sortiment des Herstellers zu finden und nicht auf anderweitige, gegebenenfalls minderwertige Produkte zurückgreifen zu müssen. Im Produzentenhandel tritt die Sortimentsfunktion in Kraft, wenn ein Handelsunternehmen zur Vervollständigung seines eigens erzeugten Warensortiments, andere Produkte fremdbezieht und diese Produkte mit seinen selbst hergestellten Erzeugnissen dem Konsumenten zum Verkauf anbietet.

---

[42] Vgl. hierzu und im folgenden Seyffert, 1972, S. 9f.

Im dritten und letzten Bereich der Handelsfunktionen geht es um die Funktionen des Makleramtes, die sich zum einen aus der Markterschließungsfunktion und zum anderen aus der Interessenwahrungs- und Beratungsfunktion ergibt.[43]

Unter der Markterschließungsfunktion versteht man das Auskundschaften des Marktes und Marktfindens; es ist jene Handelsleistung, die seitens des Händlers aufgebracht wird, um bei einem Produkt fündig zu werden und dieses später für den End- verbraucher verkäuflich anzubieten. Der Händler kennt die am Markt auftretenden Wünsche der Verbraucher sowie die Produktionsleistungen- und -möglichkeiten der Hersteller.

Ziel dabei ist es, die Produktion des Herstellers so zu lenken, um die bekannten Konsummarktfelder am Markt gewinnmaximierend auszufüllen.

Die letzte Handelsleistung der Funktionen des Makleramtes beinhaltet die Beratungs- und Interessenwahrnehmungsfunktion. Erläutert werden dabei einerseits dem Abnehmer bspw. die Wareneigenschaften, sowie eine Beratung bei der letztendlichen Produktauswahl, andererseits werden dem Lieferanten Hinweise zur zweckmäßigen Ausführung und Gestaltung der Erzeugnisse übermittelt. Diese Art der Interessen- wahrung und Beratung spiegelt die typischen Funktionen des Warenmaklers wider, der im Segment seiner Waren mit Rat und Wissen beim abschließenden Geschäfts- abschluss fungiert. Beim Produzentenhandel tritt die Interessenwahrungs- und Beratungsfunktion in Form von Werbung, die sich direkt an den potentiellen Kon- sumenten wendet, auf. Eine Übersicht der Funktionen ist im Anhang ersichtlich.

Nachdem der stationäre Handel anfangs definiert und seine wesentlichen Funktionen umfassend nach den Ansichten von Seyffert erläutert wurden, soll nun anknüpfend die gegenwärtigen Herausforderungen des stationären Handels analysiert und hervor- gehoben werden.

## 3.1.2 Gegenwärtige Herausforderungen des stationären Handels

Kaufhäuser, Kataloge und Teleshopping hießen vor zwanzig Jahren noch die Einkaufsmöglichkeiten der Konsumenten, wobei der Ursprung im Jahre 1886 durch Ernst Mey, dem Begründer des deutschen Versandhandels, gelegt wurde.[44] Er brachte den ersten Warenkatalog heraus und löste damit die persönliche Beratung vor Ort als übergeordnete Rolle im Handel ab. Der Kunde hatte somit vorab schon die Möglichkeit, sich über das Sortiment des Händlers vor dem Kauf zu informieren. Diese einfache Idee revolutionierte den Handel. In den 1920er und 30er Jahren blühte der Versandhandel regelrecht auf und Unternehmen wie Quelle oder der Bader Versand

---

[43] Vgl. hierzu und im folgenden Seyffert, 1972, S. 9f.
[44] Vgl. hierzu und im folgenden Grösch, 2015.

betraten den Markt. Diese Gründungswelle des Versandhandels wurde nach dem zweiten Weltkrieg mit Unternehmen wie Otto und Neckermann weitergeführt. In den 80er- und 90er- Jahren konnten die Verbraucher erstmals über ihre TV-Geräte Produkte telefonisch bestellen. Das Teleshopping war geboren. Aufgrund dieser Entwicklungen konnte der Konsument zwar schon in der Vergangenheit verschiedene Absatzkanäle des Handels nutzen, mit dem Internet wurde dieses Konsumenten-verhalten abermals nachhaltig verändert.

Gegenwärtig hat sich Multichanneling, auch Mehrkanalsystem genannt, durch die Digitalisierung zu einem zentralen Thema entwickelt.[45] Hierbei gilt es, mehr-dimensionale Erfolgsfaktoren gleichzeitig anzustreben, wie bspw. die ständige Ver-fügbarkeit der Produkte, orts- und zeitunabhängig guter Service, eine hohe Qualität der Produkte zu geringen Kosten und dies über mehrere Absatzkanäle hinweg.

Folgende Grafik beschreibt kurz die Einflussfaktoren, die für die Bildung der Mehrkanalsysteme verantwortlich sind:

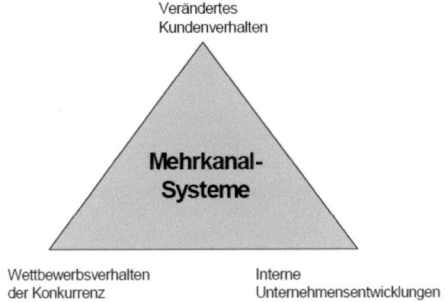

*Abbildung 5: Einflussfaktoren zur Bildung von Mehrkanal-Systemen (Quelle: Merx/Bachem, 2004, S. 2.)*

Der „hybride Konsument" ist ein Sinnbild für das gewandelte Kundenverhalten und zeichnet sich durch persönliche Selbstverwirklichung und Individualität aus.[46] Als hybride Konsumenten werden jene Kunden bezeichnet, die zunehmend kritisch und flexibel am Markt agieren und gerade durch diese Unberechenbarkeit eine große Herausforderungen für den stationären Handel darstellen. Hierbei fordern Kunden einerseits differenzierte, andererseits günstige und einfache Standardleistungen vom Handel.[47] So erwarten sie vom stationären Handel gleiche Qualitätsansprüche über die unterschiedlichsten Kanäle hinweg und keine kanalspezifische Anpassung der eigenen Ansprüche. Zum Beispiel informiert sich der potentielle Endverbraucher über das Internet mittels Smartphone oder Laptop über die Produkteigenschaften, probiert es

---

[45] Vgl. Merx/Bachem, 2004, S. 2.
[46] Vgl. Holland/Bammel, 2006, S. 16.
[47] Vgl. hierzu und im folgenden Merx/Bachem, 2004, S. 3f.

aber vor Ort im Laden aus und kauft es schließlich online, nachdem er den günstigsten Preis über Preisvergleiche ausfindig gemacht hat. Somit nutzt er bis zum abschließenden Produkteinkauf mehrere Absatzkanäle des Handels.[48]

Eine weitere Herausforderung stellen die zahlreichen Mitbewerber in Form von Start-ups und Nischenanbietern im stationären Handel dar. Diese versuchen, mit neuen Geschäftsideen den Markt zu revolutionieren, sich dauerhaft als Unternehmen zu etablieren und mit ihrem Einfallsreichtum möglichst viele neue Kunden zu akquirieren.[49] Als Wettbewerbsbeispiel dienen hier bspw. die Luftverkehrsgesell-schaften, wo derzeit etablierte und renommierte Airlines wie etwa Lufthansa und Swiss kritisch die ambitionierten Geschäftsmodelle der Billig-Airlines wie z.B. Easy Jet oder Ryanair beobachten. Letztere vertreiben ihre Flugangebote ausschließlich über das Internet, verzichten darüber hinaus weitestgehend auf den Kundenservice, wodurch sie den Konsumenten Flugangebote für unter zwanzig Euro offerieren können.[50]

Auch die interne Unternehmensentwicklung nimmt eine wichtige Rolle bezüglich der Bildung von Mehrkanalsystemen ein. In den vergangen Jahren wurden verschiedene Absatzkanäle verwendet, um Produkte und Dienstleistungen absetzen zu können.[51] Heutzutage ordnen Unternehmen die Prinzipien und Methoden der kombinierten Absatzkanäle aber viel mehr einem zeitgemäßen CRM (Customer Relationship Management) zu und versuchen dabei möglichst kundennah auf den unter-schiedlichsten Absatzkanälen zu agieren und damit die Bindung des Konsumenten an das Unternehmen zu fördern. Dabei fungieren die verschiedenen Absatzkanäle als zentrale Steuerungsinstrumente zwischen dem Endverbraucher und dem Unter-nehmen. Mittels individuell geeigneter Maßnahmen soll der Kunde über alle Kontakt- und Zugangspunkte des Unternehmens angesprochen werden, um so die Geschäfts-beziehung über einen kontinuierlich geführten Kundendialog sicherzustellen.

Zusammenfassend zeigt sich, dass die größten Herausforderungen des stationären Handels darin liegen, die verschiedenen Absatzkanäle zu verknüpfen, um dem Kunden einheitliche Produkte und Dienstleistungen am Markt offerieren zu können. Ziel ist es, ein zeitgemäßes CRM (Customer Relationship Management) zu implementieren, in dem der Kunde über Smartphone oder andere Endgeräte mobil und zeitunabhängig am Markt agieren kann und dass dem geänderten Konsumentenverhalten Rechnung trägt.

---

[48] Vgl. hierzu und im folgenden Merx/Bachem, 2004, S. 4f.
[49] Vgl. ebd., S. 4f.
[50] Vgl. Ryanair, 2016.
[51] Vgl. Merx/Bachem, 2004, S. 6.

## 3.2. Customer Journey - neuer Kaufprozess

Nicht nur der Handel hat sich über die Jahre weiterentwickelt, auch der Kaufprozess des Konsumenten hat sich gewandelt. Daher soll im Folgenden der „alte" als auch der „neue" Kaufentscheidungsprozess erläutert werden.

Die Digitale Entwicklung öffnet heutzutage Unternehmen völlig neue Möglichkeiten, die Reise des Kunden zum Point of Sale begleiten und effektiver gestalten zu können.[52] Bushaltestellen wandeln sich zum Supermarkt, indem Poster mit QR-Codes versehen werden, virtuelle Warenkörbe werden mobil bezahlt und reale Produkte noch am gleichen Tag geliefert. Wo früher Daten von Kundenkarten analysiert und ausgewertet wurden, gilt es heute, die Reise des Kunden zum letztendlichen Kauf zu verstehen. Der technologische Fortschritt und das damit veränderte Käuferverhalten schafft eine ganz neue Transparenz im Handel und erhöht somit den Preisdruck für konventionelle Betriebsformen.[53]

In der folgenden Abbildung wird der klassische Kaufprozess ohne Internetnutzung dargestellt und dient als Grundlage für die spätere Entwicklung.

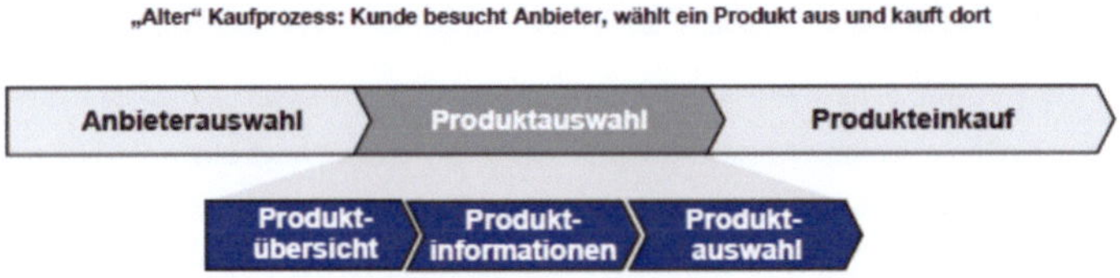

*Abbildung 6: Der klassische Kaufprozess*
*(Quelle: Boersma/ Gehrckens, 2013.)*

Im klassischen Customer-Journey-Ansatz wählt der Kunde zuallererst den entsprechenden Anbieter aus, bevor er sich zum Point of Sale begibt. Vor Ort verschafft sich der Verbraucher einen Überblick über die Produkte im Sortiment des Händlers und sucht sich einen entsprechenden Artikel aus, welches seine Bedürfnisse befriedigt. Der traditionelle Händler bietet seine Hilfe bei der Produktfindung- und -entscheidung an und gewährleistet zudem womöglich einen akzeptablen Preis, wonach die Bedeutung des Händlers beim Konsumenten steigt. Beim klassischen Kaufprozess spielt der Handel die primäre Rolle und die gesamte Wertschöpfungskette des Kaufentscheidungsprozesses findet vor Ort statt.

---

[52] Vgl. hierzu und im folgenden Tachilzik/Ayala, 2014.
[53] Vgl. Heinemann/W.Gaiser, 2014, S. 46.

In Bezug auf die Internetnutzung verändert sich der Kaufprozess dahingehend, dass der Point of Decision die primäre Rolle spielt und den Point of Sale im Kaufentscheidungsprozess ablöst.[54]

*Abbildung 7: Der neue Kaufprozess*
*(Quelle: Boersma/ Gehrckens, 2013.)*

Der Konsument wählt als erstes ein Produkt im Internet aus, welches seinen Vorstellungen entspricht. Mit der Hilfe von Preissuchmaschinen, Social-Shopping-Diensten und Onlinemarktplätzen verschafft er sich einen ersten Überblick über die entsprechenden Produkte. Über die Herstellerseite, Testberichte, Meinungsportale und dem sozialen Netzwerk findet ein Artikelvergleich anhand der Produktinformationen statt, der schließlich entscheidend für die spätere Auswahl ist. Abschließend wird erst danach der Anbieter ausgewählt, welches meist preisorientiert und relativ losgelöst von den jeweiligen Online- und Offline Kanälen geschieht.[55]

Das Internet ist in diesem Zusammenhang das glaubwürdigste Medium, bezogen auf Kaufentscheidungen und insbesondere Bewertungen. Meinungen und Produktempfehlungen durch andere Internetnutzer über soziale Netzwerke oder auch Blogs geben die notwendige Sicherheit bei der Kaufentscheidung.[56] Generell kann man zusammenfassen, dass die zwei Dimensionen, Kaufimpulse und Touchpoints, positive Wechselwirkungen beim Konsumenten auslösen und für den Erwerb von neuen Produkten verantwortlich sind.[57]

## 3.3. Derzeitige Einbindung des Smartphone im stationären Handel

Neben den oben dargestellten Herausforderungen sollen auch aktuelle Möglichkeiten des stationären Handels, das Smartphone im Verkaufsprozess zu integrieren, anhand von vier Beispielen präsentiert werden, um Offline und Online-Einkauf zu verknüpfen.

---

[54] Vgl. Boersma, 2010, S.44ff.
[55] Vgl. Heinemann/W.Gaiser, 2014, S. 48.
[56] Vgl. Schneller, 2008, S. 28.
[57] Vgl. Heinemann/W.Gaiser, 2014, S. 48.

Eine der bekanntesten Möglichkeiten um die klassischen Shopping-Meilen der Groß-
städte und Mobile Commerce zu verbinden, sind sogenannte „QR-Codes."

Bei diesen Quick-Response-(QR-)Codes handelt es sich um zweidimensionale Codes,
die per Smartphone, mittels entsprechender Software, entschlüsselt werden und den
Kunden bei seinem Shoppingerlebnis mit z.B. weiteren Produktinformationen unterstützt.[58] So können potentielle Kunden unterschiedlichste Produkte wie bspw.
Unterhaltungselektronik, Spielwaren oder Lebensmittel im Laden per Foto oder Scan
via Smartphone bestellen, bei Gefallen automatisch bezahlen und sich das Produkt
direkt nach Hause liefern lassen.

*Abbildung 8: Shopping per QR-Code*
*(Quelle: Himmelreich, 2013)*

Diese Art von Mobile Commerce ist aktuell weit verbreitet, da es einerseits orts- und
zeitunabhängig fast überall eingesetzt werden kann und andererseits als kosten-
günstige Marketingmaßnahme gilt.

Als weiteres Beispiel führte der Lebensmitteldiscounter Aldi-Nord das **kontaktlose
Bezahlen via Smartphone** in rund 2.400 Filialen ein. Voraussetzung dafür ist ein
NFC-fähiges Smartphone und eine sogenannte „Wallet App", die im Google Play Store
heruntergeladen werden muss. NFC bedeutet hierbei „Near Field Communication" und
ist ein internationaler Standard, um Daten sicher auf kurze Distanz zwischen zwei
Endgeräten ohne direkte Kabelverbindung auszutauschen.[59] Somit durchläuft das
digitale Portmonee erstmals einen Probelauf und bietet neben den gängigen
Bezahlmethoden eine Alternative. Leider können diesen Service vorerst nur Kunden
genießen, die ein Android-Betriebssystem verwenden. Für iPhone – Nutzer gibt es
aktuell die Möglichkeit, über einen NFC-Sticker auf der Rückseite des iPhones
kontaktlos zu zahlen, da die von Apple entwickelte Bezahllösung „Apple Pay" in
Deutschland noch nicht genutzt werden kann. Auf dem NFC-Sticker werden alle

---

[58] Vgl. hierzu und im folgenden Handelsblatt, 2016.
[59] Vgl. hierzu und im folgenden ALDI, 2016.

relevanten Daten gespeichert, um die spätere Zahlung im Geschäft gewährleisten zu können.

Auch die deutschen Kreditinstitute entwickeln ihre Banking-Methoden weiter und bieten dem Kunden nun neben Online-Banking auch **Mobile-Banking via Fingerabdruck** an. Dieses System funktioniert vorerst nur mit den neueren Smartphones von Apple wie z.B. dem iPhone 5s und vergleichbaren Modellen, die mindestens mit dem Betriebssystem iOS 8 ausgestattet sind. Für das Mobile Banking mit Fingerabdruck muss ebenfalls eine gesonderte Applikation im App-Store heruntergeladen werden wie bspw. die App der Sparkasse, um Online-Überweisungen per Fingerabdruck bestätigen zu können. Bei der benötigten Autorisierung scannt das Smartphone den Fingerabdruck des Besitzers über den Home Button des iPhones. Neben dem Zugriff auf den Onlinebanking – Account können insbesondere Online-Überweisungen sicher ausgeführt werden, da der Fingerabdruck bei der Transaktion die sonst benötigte TAN ersetzt.[60]

Neben dem Mobile Banking via Fingerabdruck sollen zukünftig weitere technische Neuerungen im Girokonto-Bereich eingeführt werden.[61] Die Targobank und die DKB (Deutsche Kreditbank Berlin) etwa haben angekündigt, die Identitätsprüfung bei der Eröffnung eines Girokontos per Video-Ident-Verfahren anzubieten. Vorteil hier ist insbesondere die flächendeckende Ausstattung der Smartphones mit einer integrierten Kamera sowie die reduzierte Arbeitsdauer.

Für einen regelrechten Hype sorgt außerdem die Applikation **„Shopkick"**, die mittels Beacon-Technologie und Bluetooth agiert, indem via Smartphone passende Angebote, Infos oder Rabatte über Produkte zum jeweiligen Standort des Smartphone-Besitzer in der Fußgängerzone oder im Laden übermittelt werden. Mit über 1.400 Standorten im Bundesgebiet und acht großen strategischen Partnern wie bspw. Douglas, Media Markt, Henkel oder Saturn, launcht Shopkick das weltweit umfangreichste mobile Bonussystem, welches den gesamten Schnäppchen-Beilagen- und Rabattmarkt drastisch verändern wird.[62] Hierbei belohnt die App den potenziellen Kunden bereits beim Besuch einer Filiale mit Bonuspunkten, sogenannten „Kicks", sowie Prämien. Neben den Kicks können die Konsumenten weitere „Aufgaben" im Einkaufsladen erledigen, indem sie in der App vorgegebene Produkte suchen und deren Barcode einscannen. Postet man zudem seine Shopkick-Touren auf Facebook, werden nochmal Punkte aufs Konto gutgeschrieben.[63] Bei ausreichenden Kicks können diese

---

[60] Vgl. Toller, 2014.
[61] Vgl. Menzel, 2014.
[62] Vgl. Kolbrück, 2015.
[63] Vgl. Schuldt, 2014.

in Form von Gutscheinen eingelöst werden, mit dem Ziel, den Kunden langfristig an das Unternehmen zu binden, mögliche Verkäufe zu generieren und so den Umsatz des Unternehmens zu steigern.[64]

## 3.4. Grundlagen von E-Commerce

Die oben genannten Beispiele zur Einbindung des Smartphone zeigen die Relevanz des E-Commerce im Rahmen der Digitalisierung des stationären Handels. Aufgrund dessen soll nachfolgend E-Commerce definiert und dargestellt werden. Im Internet finden sich zahlreiche Begriffsdefinitionen mit unterschiedlichen Erläuterungen wie etwa Online-Handel, Digital-Commerce oder virtueller Handel.[65] Für die vorliegende Arbeit dient die Definition von Weiber als Grundlage:

*„Bei Fokussierung der Transaktionsprozesse wird die Summe der Möglichkeiten zur Umsatzgenerierung über E-Technologien und die Nutzung des Internets als neue Distributionsplattform als Electronic Commerce bezeichnet. Nach diesem Verständnis ist der E-Commerce dem E-Business untergeordnet, da er ‚nur' auf die Unterstützung der Transaktionsprozesse (Kaufprozesse) zwischen zwei Marktpartnern auf elektronischen Märkten abzielt."* [66]

E-Commerce ist laut Weiber dem Electronic Business untergeordnet. Dabei definiert man Electronic Business weit gefasst als eine Anbahnung sowie teilweise vollständige Unterstützung, Abwicklung und Aufrechterhaltung von Leistungsaustauschprozessen mittels elektronischer Netze.[67] Hierbei werden sowohl materielle als auch immaterielle Güter und Dienstleistungen zumeist gegen kompensatorische Leistungen wie etwa finanzielle Zahlungsmittel transferiert.

Der E-Commerce kann weiterhin in unterschiedliche Erscheinungsformen differenziert werden, die im Anhang genauer erläutert werden. Für die Thematik als Teilaspekt relevanter ist der Mobile Commerce, welcher nachfolgend fokussiert werden soll.

## 3.5. Mobile Commerce als verlängerter Arm des E-Commerce

Die Generation Smartphone und ihre mobilen Einsatzmöglichkeiten eröffnen dem E-Commerce und damit auch M-Commerce völlig neue Verkaufschancen.[68] Im Mehr-

---

[64] Vgl. Kolbrück, 2015.
[65] Vgl. Opuchlik 2005, S. 20.
[66] Original aus Weiber, 2002, S. 10.
[67] Vgl. hierzu und im folgenden Wirtz, 2001, S. 34.
[68] Vgl. Heinemann, 2015, S. 1.

kanalsystem des Online/Offline - Handels wird über alle Absatzkanäle hinweg ein simultaner Produkteinkauf ermöglicht, der zunehmend mit dem Smartphone erfolgt, wie auch nachfolgende Grafik verdeutlicht:

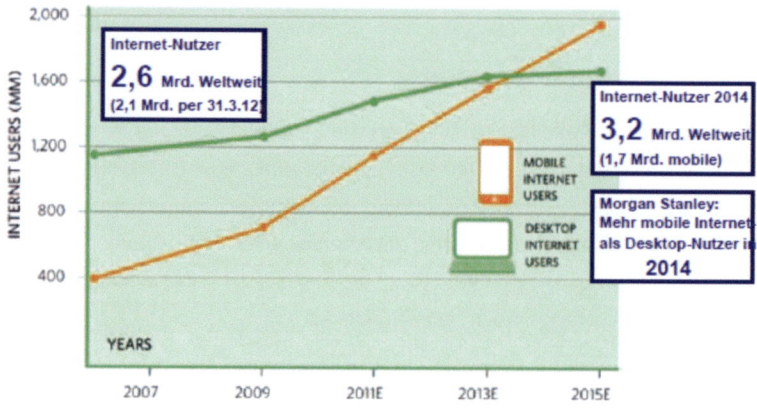

*Abbildung 9: Mobile Internetnutzer weltweit*
*(Quelle: Heinemann, 2015, S. 126.)*

Die Entwicklung von mobilen Suchanfragen löst die herkömmliche Suche mittels Laptop und PC ab. Laut Prognosen der Investmentbank „Morgan Stanley" solle es bereits im Jahr 2014 weltweit mehr mobile Internet-Nutzer als Desktop-Nutzer geben, die völlig neue Erwartungen und Bedürfnisse an den stationären Handel stellen. Im Jahre 2015 wurden diese Prognosen zum Teil schon durch den „Global Digital Report" bestätigt.[69]

Doch wie definieren Händler den Begriff „Mobile Commerce", „M-Commerce" oder „M-Shopping" richtig und wie agieren diese Erscheinungsformen im E-Commerce?

Generell versteht man unter „mobile" bzw. „m" alle Arten von Einkaufsmöglichkeiten, die nicht an einen festen Standort gebunden sind, bspw. via Smartphone. Hierbei sind die Anwendungen im Gegensatz zum klassischen Onlineshop kompatibel für mobile Endgeräte, was wiederum als zentrales Differenzierungselement zwischen M-Commerce und E-Commerce gilt.[70]

---

[69] Vgl. WeAreSocial, 2015.
[70] Vgl. Heinemann, 2015, S. 1f.

### 3.5.1. Erfolgsfaktoren des Mobile Commerce

Mehrere Faktoren spielen eine wichtige Rolle, damit Mobile Commerce erfolgreich in der Praxis integriert und aufgebaut werden kann. Heinemann beschreibt dabei sieben zentrale Erfolgsfaktoren, die wie folgt lauten:[71]

**1. Ein bereits bestehender und erfolgreicher Onlineshop**
Um Mobile Commerce via Smartphone bestmöglich umsetzen zu können, ist ein bereits bestehender Onlineshop Grundvoraussetzung. Das Angebot sollte um mobile Dienste und Anwendungen erweitert werden wie beispielsweise die mobile Ausrichtung bzw. Optimierung der Seite sowie ein schneller Seitenaufbau.

**2. Die neue Lebensweise der Generationen Smartphone**
Entscheidend für den Erfolg von M-Commerce ist das Verständnis des Handels für die individuellen Einkaufsgewohnheiten und Lebensstil der Konsumenten. Eine An-knüpfung an Facebook, Twitter und Co., also an soziale Netzwerke ermöglicht es dem Kunden, sich über gewohnte Wege zu informieren und auch online im Austausch mit den Händlern zu sein.

**3. Maximale Preistransparenz**
Um die Generation Smartphone für Handelsprodukte und Dienstleistungen gewinnen zu können, sollten dem Kunden über alle Absatzkanäle hinweg verkaufsfördernde Maßnahmen in Form von Rabatten, Coupons, Bonuskarten oder Gutscheinen offeriert werden. Als Beispiel könnte das Franchise-Unternehmen „McDonalds" dienen. Hier werden Kunden durch Coupons oder Gewinnspiele wie McDonalds Monopoly an das Unternehmen gebunden bzw. neue Kunden durch Aktionen zu einem Kauf animiert.[72]

**4. Blogging und Broadcasting**
Trends Richtung Croudsourcing, Zahlungen in Form von „Pay with a Tweet" oder auch dem „Shopping-together" etablieren einen ganz neuen Sprach- und Kommunikations-standard, der seitens der Händler für ein erfolgreiches M-Commerce erlernt, verstanden und genutzt werden muss.[73]

**5. Bedienungsfreundlichkeit**
Ein wesentlicher Erfolgsfaktor im Mobile Commerce ist die Nutzerfreundlichkeit der Anwendung (Usability). Hierunter fällt die Bedienungsfreundlichkeit der mobilen Webseiten via Smartphone oder Tablet. Bei einer fehlenden Usability (Navigation/Point

---

[71] Vgl. hierzu und im folgenden Heinemann, 2015, S. 137f.
[72] Vgl. ebd., S.137.
[73] Vgl. hierzu und im folgenden Heinemann, 2015, S. 138.

of Sale) besteht die Gefahr, dass der Konsument aufgrund der unübersichtlichen Webseitengestaltung den Kaufentscheidungsprozess vorzeitig abbricht.

**6. Unterschiedliche Betriebssysteme und Browsertechnologien**

Eine weitere wesentliche Herausforderung für den erfolgreichen Einsatz des Mobile Commerce über das Smartphone ist das vielfältige Angebot an Betriebssystemen wie Android oder iOS und den damit verbundenen unterschiedlichen Zugängen zu den mobilen Internetbrowsern. Da die Entwicklung eigener Apps insbesondere für kleinere Unternehmen nicht sinnvoll erscheint, ist es wesentliche Erfolgskomponente, die richtige Auswahl an Browsertechnologien zu nutzen.

**7. Benutzersicherheit und Risikominimierung**

Durch die steigende Smartphone-Nutzung rückt der Datenschutz zunehmend in den Vordergrund und spielt eine wichtige Rolle im Mobile Commerce. Da WLAN (drahtloses LAN[74]) gegenwärtig noch ein hohes Sicherheitsrisiko darstellt, müssen Alternativen entwickelt werden. Als Beispiel könnte GSM (internationaler Standard für digitale Funknetze[75]) dienen, da dort eine vorübergehende Teilnehmeridentität gewährleistet und somit die potentiellen Angriffspunkte weitestgehend minimiert sind. Gleiches gilt für Bluetooth, welches jedoch nur auf geringer Distanz einsetzbar ist.

Diese sieben Faktoren zeigen die Voraussetzungen, die der stationäre Handel umsetzen muss, um im M-Commerce erfolgreich zu sein. Neben den Faktoren soll im nächsten Schritt ein kurzer Abriss der Zukunftsaussichten erfolgen, die zeigen, dass eine intensive Auseinandersetzung mit dem M-Commerce auch zukünftig unverzichtbar sein wird.[76]

**3.5.2. Zukunftsaussichten des Mobile Commerce**

Um die Zukunftsaussichten des Mobile Commerce richtig einschätzen zu können, muss der Fokus auf die Betrachtung des Smartphone-Absatzes gelegt werden.[77] Sowohl in Deutschland, als auch weltweit wird der Absatz an Smartphones rasant steigen, wie die nachfolgende Statistik erläutert.

Waren es im Jahr 2015 noch weltweit ca. 1,430 Millionen Smartphones, die abgesetzt wurden, werden im Jahre 2019 schon Absatzzahlen von bis zu 1,860 Millionen

---

[74] Vgl. Duden, 2016b.
[75] Vgl. Duden, 2016c.
[76] Vgl. Heinemann, 2015, S. 138.
[77] Vgl. Heinemann, 2012, S. 13.

Smartphones prognostiziert.[78] Das entspricht einer Wachstumsrate von prozentual über 30%.

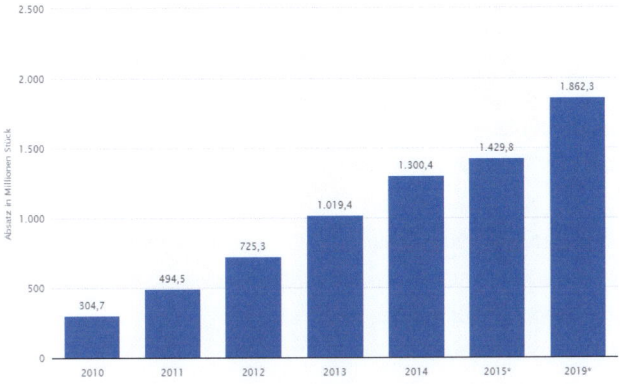

*Abbildung 10: Absatz an Smartphones weltweit*
*(Quelle: Statista, 2016)*

Der steigende Absatz an Smartphones verdeutlicht auch die zukünftige Relevanz des mobilen Internets und damit verknüpfend das Thema Mobile Commerce für die stationären Handelsunternehmen.[79] So gewinnt die Rolle des mobilen Internets nicht nur hinsichtlich der generellen Kaufvorbereitung an Prägnanz, sondern auch bezüglich des letztendlichen Kaufes eines Produkts im Geschäft vor Ort. Somit wird es zukünftig immer schwieriger für Unternehmen, die Bereiche Online und Offline betriebsintern zu trennen, viel mehr werden beide Bereiche ineinander übergehen und mit ihrer Verschmelzung eine enorme Chance für den stationären Handel bieten.[80]

Um die bisherigen Erkenntnisse und Forschungen aus der Literatur zu unterstützen, aber auch zu überprüfen, wurde eine Umfrage an der Jade Hochschule in Wilhelmshaven zum Thema „Generation Smartphone – Eine Chance für den stationären Handel?" durchgeführt, die nachfolgend erläutert wird.

---

[78] Vgl. Statista, 2016a.
[79] Vgl. Heinemann, 2012, S. 14.
[80] Vgl. Heinemann, 2012, S. 14.

# 4. Umfrage: „Generation Smartphone - Eine Chance für den stationären Handel?"

## 4.1. Ziel der Umfrage

Ziel der Umfrage an der Jade Hochschule Wilhelmshaven ist es, das allgemeine Nutzungsverhalten der Studierenden in Bezug auf ihr Smartphone sowie ihr Einkaufsverhalten mittels eben diesem zu hinterfragen. Hierzu zählt bspw. die durchschnittliche Nutzungsdauer der Studierenden der Jade Hochschule aber auch das derzeitige Einkaufsverhalten via Smartphone. Im Fokus der Analyse sollen die bis dato gesammelten Erfahrungen zum Onlinekauf mit dem Smartphone stehen, also ob erste Einkäufe mobil getätigt wurden und wie die Resonanz bzw. das Feedback der Studierenden letztendlich ausgefallen sind.

Durch die Fragebogenerhebung sowie die Auswertung sollen im Kern die Chancen und teils auch die Risiken für stationäre Handelsunternehmen erörtert werden, um dann im nächsten Schritt Empfehlungen abzuleiten und Hilfestellung bei der betriebsinternen Verknüpfung der Offline- und Onlinekanäle geben zu können.

## 4.2. Aufbau des Fragebogens

Der Fragebogen umfasst sieben Seiten und wurde in drei Bereiche unterteilt, um eine bessere Übersichtlichkeit bei der späteren Auswertung zu gewährleisten. Dabei wurden die ersten Fragen bewusst einfach gewählt, um den Befragten den Einstieg in den Fragebogen zu erleichtern.

Im ersten Bereich des Fragebogens geht es um die allgemeine Nutzung des Smartphone, die Anzahl der Stunden, die man schätzungsweise täglich mit dem Smartphone verbringt, sowie eine Abfrage hinsichtlich der genutzten Applikationen als auch der Applikationen, die man neben dem bereits vorinstallierten Standard zusätzlich heruntergeladen hat. Die letzten zwei Fragen ermöglichen einen Rückschluss für Handelsunternehmen in Bezug auf die eigenständige Entwicklung einer App. Des Weiteren wurde gefragt, welche Funktionen generell auf dem Smartphone genutzt werden, wie etwa die Videofunktion, um herauszufinden, wie die Studierenden ihr Smartphone im Alltag benutzen.

Bei den Funktionen wurde ebenfalls die Antwortmöglichkeit „Shopping" hinterlegt, um einerseits zu prüfen, ob mobiles Onlineshopping unter die verwendeten Funktionen fällt und um andererseits einen geeigneten Übergang zum zweiten Fragebogenbereich herzuleiten. Alle Fragen im ersten Bereich der Smartphone-Nutzung waren in sich geschlossene Fragen, die schnell und einfach beantwortet werden konnten, um dann im zweiten Bereich das Einkaufsverhalten im Detail zu analysieren.

In zweiten Bereich ging es um das mobile Einkaufsverhalten und die gemachten Kauferfahrungen via Smartphone. „Wurde schon einmal mit dem Smartphone eingekauft?" sowie anknüpfend die Frage, was dabei im virtuellen Warenkorb gelandet ist, leiten den Bereich zwei ein. Im Fokus steht dabei die Produktwahl, aber auch die Frage zu den Gründen gegen das Online-Shopping, die wiederum genutzt werden kann, um zu prüfen welche Maßnahmen seitens der Studierenden wichtig erscheinen, um dem mobilen Online Shopping offener gegenüber zu stehen. Auch die Frage nach dem Wie des Online-Shoppings (App vs. Webbrowser wie bspw. Google) ermöglicht Rückschlüsse zu den Möglichkeiten der Handelsunternehmen. Daneben werden Meinungen und Wünsche hinsichtlich der Optimierung des Kaufprozesses wie beispielsweise das sichere Bezahlen erfragt, aber auch die Nutzung von Produkt--bewertungen.

Im dritten und letzten Unterbereich des Fragebogens wird das Nutzungsverhalten der Befragten in Bezug auf soziale Netzwerke wie Facebook oder Instagram erfragt, worunter unter anderem auch die Häufigkeit und Dauer der Nutzung sowie das Empfinden von Marketingmaßnahmen in eben diesen fällt. Welche Netzwerke werden am häufigsten genutzt? In welchen Netzwerken erscheint Werbung durch Handels-unternehmen sinnvoll? Und welche Resonanz hinsichtlich Produktwerbung gibt es seitens der Befragten? Diese Fragen sollen Rückschlüsse für Handelsunternehmen generieren und somit Chancen und Wege zum idealen Onlinehandel eruieren. Zum Abschluss des Fragebogens wurde nach der Meinung zum mobilen Bezahlen per Smartphone gefragt, da dies mehrere Unternehmen wie beispielsweise Aldi Nord in einer Probephase anbieten.

In der Umfrage wurde auf sogenannte „Kontrollfragen" verzichtet, da sich diese negativ auf die Antwortbereitschaft der Studierenden ausgewirkt und somit für eine geringere Rücklaufquote gesorgt hätten. Auch wäre die Befragung unnötig verlängert worden. Bei der Formulierung der gestellten Fragen wurde zudem darauf geachtet, die Fragen möglichst neutral und einfach zu gestalten, um eine Beeinflussung im Vorfeld zu minimieren. Bevor der Fragebogen letztendlich online erstellt wurde, fand vorab im Rahmen eines Pretests eine kritische Beurteilung statt. Diese Beurteilung erfolgte durch acht Studierende im privaten Umfeld. Dabei wurde ein besonderes Augenmerk auf nachfolgende Aspekte gelegt:

- Die Verständlichkeit und Eindeutigkeit der Fragen
- Die Bearbeitungszeit des Fragebogens

- Verständlichkeit der möglichen Antwortkategorien
- Auftretende und generelle Probleme hinsichtlich des Ausfüllens
- Redundanzfreiheit sowie erschöpfende Antwortkategorien

Die aus dem Pretest gewonnenen Erkenntnisse wurden entsprechend in das Ergebnis der Umfrage integriert. Des Weiteren stimmten die 10 Minuten in der Einleitung der Onlineumfrage mit denen der Pretestbearbeitung weitestgehend überein.

Hinsichtlich der Entwicklung und des Aufbau des Fragebogens wurde auf folgende Literatur zurückgegriffen:

*Raab-Steiner/M. Benesch, (2012): „Der Fragebogen" - Von der Forschungsidee zur SPSS-Auswertung sowie*

*Kirchhoff et al., (2003): „Der Fragebogen" - Datenbasis, Konstruktion und Auswertung.*

Für die Beantwortung des Fragebogens erhielten die Studierenden der Jade Hochschule in Wilhelmshaven einen Monat Zeit, der Befragungszeitraum lag zwischen dem 21.01.2016 und dem 21.02.2016.

### Einschränkungen des Fragebogens:

Kritisch betrachtet, stellte der Monat „Januar" eine große Hürde dar, da in diesem Monat die Klausuren an der Jade Hochschule Wilhelmshaven geschrieben und somit die Rücklaufquote gemindert wurde.

Darüber hinaus muss berücksichtigt werden, dass die Ergebnisse der Umfrage lediglich Rückschlüsse auf die Studierenden der Jade Hochschule in Wilhelmshaven zulassen und daher nicht allgemeingültig sind. Auch die Anzahl der Rückläufer von 38 Bögen zeigt konsequent die Einschränkung der Ergebnisse auf.

Trotz des durchgeführten Pretests wurden Antwortvorschläge gegeben, die nicht in der Umfrage integriert waren, beispielsweise „Fernsehen mittels Smartphone" und die „Nutzung von öffentlichen Verkehrsmitteln". Gleiches gilt für die Antwortkategorien „Fahrtickets" und „Musik" bei der Frage zum Onlinekauf. Die sozialen Netzwerke wurden weiterhin ergänzt um „Comunio"; „Snapchat" und „Whatsapp". Die Frage nach der Nutzung von Apps zeigte darüber hinaus, dass die Antwortkategorien mit „Ja"; „Nein"; „Manchmal" und „Weiß nicht" in Bezug auf „Ja" und „Manchmal" redundant waren. Daher wurde in der Auswertung lediglich die generelle Nutzung ausgewertet, nicht jedoch die Häufigkeit.

Darüber hinaus wurde die Umfrage mit der Bitte um Teilnahme über Facebook versandt. Aufgrund dessen erreichte die Umfrage nur Studierende, die bereits auf Facebook aktiv waren. Teilnehmer ohne einen Facebook-Account wurden nicht angesprochen. Dies ist eine weitere, selektive Einschränkung des Teilnehmerkreises, der indirekt auch - insbesondere vor dem Hintergrund der Fragen zu sozialen Netzwerken - die Ergebnisse verzerren kann und daher bei der Auswertung der Ergebnisse kritisch zu betrachten ist.

## 4.3. Auswertung der Umfrage

An der Umfrage „Generation Smartphone - Eine Chance für den stationären Handel?", die vom 21.01.2016 bis zum 21.02.2016 an der Jade Hochschule in Wilhelmshaven durchgeführt wurde, haben insgesamt 40 Studierende teilgenommen. Zwei Bögen wurden nicht vollständig ausgefüllt bzw. abgebrochen, daher werden für die nachfolgenden Auswertungen lediglich 38 Bögen herangezogen.

Hinsichtlich des Geschlechts hatten 22 weibliche und 16 männliche Teilnehmer den Fragebogen vollständig ausgefüllt. Kategorisiert nach Alter ergab sich folgende Zusammensetzung:

| Kategorie Alter | Anzahl Teilnehmer/innen |
|:---:|:---:|
| Unter 18 Jahre | 0 |
| 18-21 Jahre | 7 |
| 22-25 Jahre | 18 |
| 26-29 Jahre | 12 |
| 30-33 Jahre | 0 |
| 34 und Älter | 1 |

*Abbildung 11: Anzahl der Teilnehmer nach Altersgruppen*
*(Quelle: Eigene Darstellung)*

Bezüglich des akademischen Grades gaben 37 Personen an, ein Bachelorstudium an der Jade Hochschule zu absolvieren, lediglich eine Person studierte im Master. Nach den Einstiegfragen fokussierte sich der Fragebogen im ersten Teil auf die generelle Smartphone-Nutzung der Studierenden. 38 von 38 Studierenden besaß demnach ein Mobiltelefon, das zeitgleich auch ein Smartphone war. Bezüglich der genutzten Betriebssysteme gaben 24 Studierende an, ein Smartphone mit Android-Betriebssystem zu nutzen, also mehr als 60 Prozent. Das iOS-Betriebssystem wurde von 13 Studierenden genutzt, eine Person gab an, dass das Betriebssystem Windows auf dem Smartphone installiert ist. Nachfolgende Grafik zeigt die entsprechenden Antworten:

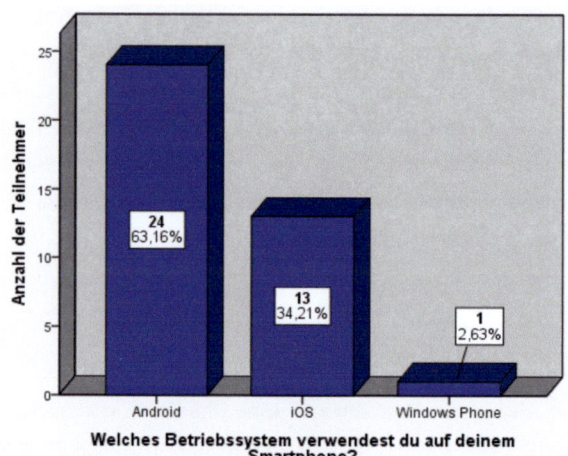

*Abbildung 12: Welches Betriebssystem verwendest du auf deinem Smartphone?*
*(Quelle: Eigene Darstellung)*

Weitere, zusätzliche Betriebssysteme wurden nicht angegeben. Die Studie „Mobile Effects 2016", durchgeführt von der FowardAdGroup kommt zu analogen Ergebnissen. Hier gaben 65,7 Prozent der Befragten, basierend auf der Fallzahl n=878 an, ein Android-Betriebssystem auf dem Smartphone installiert zu haben.[81]

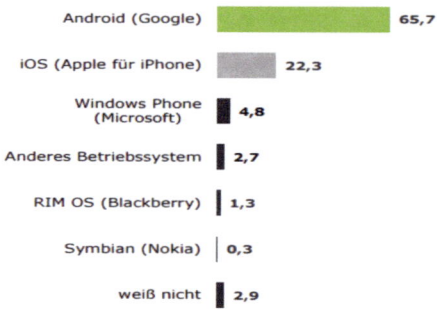

*Abbildung 13: Welches der folgenden Betriebssysteme nutzen Sie mit Ihrem Mobiltelefon?*
*(Quelle: ForwardAdGroup, 2016)*

Im Anschluss an die Frage zum Betriebssystem wurde nach der Anzahl der Stunden bzw. der Dauer gefragt, die die Teilnehmer/innen täglich mit dem Smartphone verbringen. Im Ergebnis beschäftigten sich 15 Befragte zwischen einer bis zwei Stunden mit dem Smartphone, acht Personen zwischen zwei und drei Stunden und 14

---

[81] ForwardAdGroup, 2016.

Studierende mehr als drei Stunden. Lediglich eine Person nutzte das Smartphone weniger als eine Stunde am Tag. Differenziert nach Geschlecht zeigten sich folgende Ergebnisse:

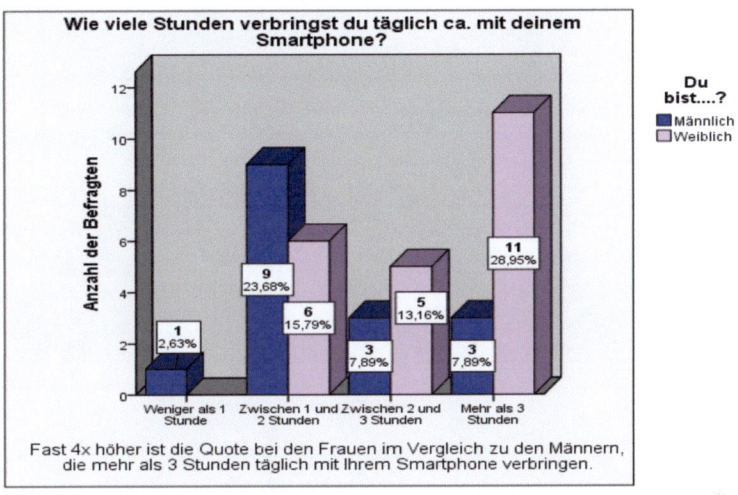

Abbildung 14: Wie viele Stunden verbringst du täglich ca. mit deinem Smartphone?
(Quelle: Eigene Darstellung)

Die Mehrzahl der männlichen Studierenden beschäftigte sich zwischen ein und zwei Stunden am Tag mit ihrem Smartphone. Im Gegensatz dazu zeigte sich bei den weiblichen Befragten, dass sich die Mehrzahl mehr als drei Stunden täglich mit ihrem Smartphone beschäftigten.

Hinsichtlich der Anwendung von Apps gaben 38 von 38 Befragten an, diese auf dem Smartphone zu nutzen. Auf die Frage nach der Anzahl selbst installierter Apps gaben 14 Befragte und damit die Mehrzahl an, zwischen 5 und 10 Apps zu nutzen, die selbst installiert wurden. Weitere 10 Personen nutzen zwischen 10 bis 15 Apps, die entsprechend eigenständig heruntergeladen wurden. Dies stimmt überein mit einer Untersuchung des statistischen Portals „Statista" aus dem Jahr 2015, aus der hervorgeht, dass durchschnittlich 11 bis 20 Applikationen in Deutschland selbstständig auf dem Smartphone heruntergeladen werden.[82] Nachfolgende Grafik verdeutlicht die Ergebnisse der Umfrage.

---

[82] Vgl. Statista, 2015b.

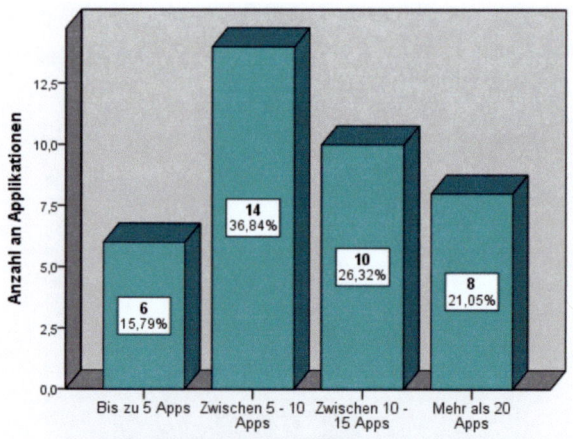

Abbildung 15: Besitz an Applikationen auf dem Smartphone
(Quelle: Eigene Darstellung)

Die letzte Frage des ersten Fragebogenteils bezog sich auf die Funktion, die die Studierenden der Jade Hochschule Wilhelmshaven mit ihrem Smartphone nutzen. Hierbei waren Mehrfachnennungen möglich.

| Nutzung von Funktionen | Anzahl Nennungen |
|---|---|
| Shopping | 23 |
| im Internet surfen | 35 |
| soziale Netzwerke | 36 |
| Musik hören | 32 |
| Spiele spielen | 23 |
| Nachrichten versenden | 35 |
| E-Books lesen | 3 |
| Telefonieren | 29 |
| Fotos machen | 35 |
| E-Mails checken | 32 |
| Videos drehen | 11 |
| Zeitung lesen | 17 |
| GPS-Funktionen nutzen | 23 |
| Termine planen | 22 |
| Wetter checken | 28 |
| andere | 5 |

Abbildung 16: Meistgenutzte Funktionen mit dem Smartphone
(Quelle: Eigene Darstellung)

Die meist genutzten Funktionen auf dem Smartphone sind mit 36 Nennungen die sozialen Netzwerke, gefolgt vom Surfen im Internet, dem Versenden von Nachrichten als auch das Fotografieren mit jeweils 35 Nennungen. Daran anknüpfend wurden E-Mails checken und Musik hören 32-mal genannt. Eine Differenzierung nach Geschlecht ergab keine signifikanten Unterschiede (siehe weitere Auswertungen im Anhang). Weniger genutzt wurde das Smartphone hingegen zum Lesen von E-Books mit drei sowie dem Drehen von Videos mit 11 Nennungen.

Im zweiten Teilbereich der Umfrage wurde das Einkaufsverhalten der Studierenden über das Smartphone untersucht. Im ersten Schritt wurde gefragt, ob schon einmal mit dem Smartphone online eingekauft wurde.

**Hast du schon einmal mit deinem Smartphone online eingekauft?**

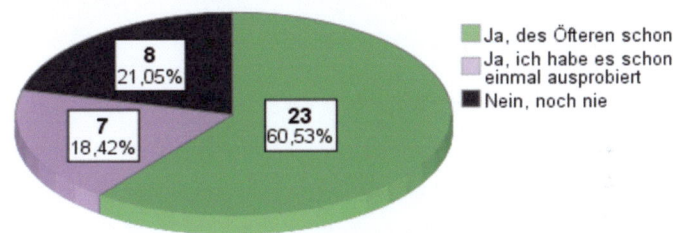

Abbildung 17: Onlineeinkauf via Smartphone
(Quelle: Eigene Darstellung)

So gaben 3/4 der Befragten an, dass sie schon einmal mit ihrem Smartphone einen Onlinekauf getätigt haben. Lediglich 8 Personen haben noch keine Erfahrungen mit einem Onlinekauf via Smartphone.

Welchen Weg die Studierenden dabei ins mobile Internet gewählt haben, also ob der Onlineeinkauf über eine App oder einen mobilen Webbrowser erfolgte, wurde mit der nachfolgenden Frage untersucht, die in der unten dargestellten Grafik visualisiert wurde.

Hierbei gaben 13 Personen an, über den mobilen Web-Browser (Safari, Google oder Chrome) online eingekauft zu haben, sechs Personen über eine App und 14 Personen hatten bereits über beide Funktionen via Smartphone online eingekauft.

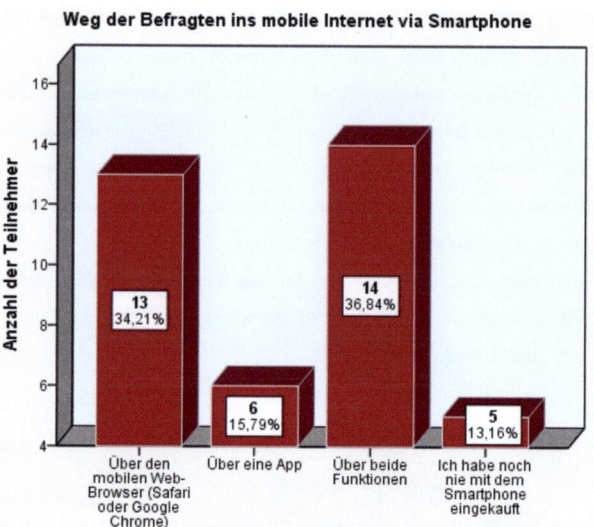

*Abbildung 18: Weg ins mobile Internet via Smartphone*
*(Quelle: Eigene Darstellung)*

Auffällig hierbei ist die Differenz zur vorherigen Frage, bei der acht statt der hier genannten fünf Personen bisher noch nicht online über das Smartphone eingekauft hatten. Im Rahmen der Detailanalyse konnten folgende Angaben als „Fehlangaben" interpretiert werden. Zwei weibliche Befragte gaben an, noch nie online eingekauft zu haben, hatten dann aber „über den mobilen Browser" angegeben, wobei eine der beiden auch die darauffolgende Frage nach der Art des Einkaufs beantwortete. Zudem gab es einen weiteren, männlichen Befragten, der „über eine App" angab, jedoch die darauffolgende Frage nach der Art des Einkaufs nicht beantwortete. Auf die Frage, was genau online mit dem Smartphone gekauft wurde, gaben sowohl die weiblichen als auch die männlichen Befragten „Bekleidung" als häufigste Antwortkategorie an. Hierbei wurde „Bekleidung" bei den weiblichen Befragten 12 x genannt, gefolgt von Büchern mit acht Nennungen und Elektronik mit vier Nennungen. Zu beachten ist hier der oben bereits erwähnte Fehler. Aufgrund dessen müssen entsprechend die Angaben bei Bekleidung auf 11 Nennungen und bei Elektronik auf 3 Nennungen reduziert werden Die Ergebnisse der Frage sind entsprechend in der nachfolgenden Liste hinterlegt (ohne Reduzierung, ursprüngliche Daten). Mehrfachnennungen waren möglich.

**$Was_haben_Sie_dabei_online_eingekauft Frequencies**

| | | Responses | | Percent of Cases |
|---|---|---|---|---|
| | | N | Percent | |
| Was haben Sie dabei online eingekauft?[a] | Bekleidung | 12 | 33,3% | 70,6% |
| | Elektronik | 4 | 11,1% | 23,5% |
| | Gutscheine | 1 | 2,8% | 5,9% |
| | Sportartikel | 2 | 5,6% | 11,8% |
| | Lebensmittel | 1 | 2,8% | 5,9% |
| | Spielzeug | 2 | 5,6% | 11,8% |
| | Kosmetik | 3 | 8,3% | 17,6% |
| | Reisen | 1 | 2,8% | 5,9% |
| | Bücher | 8 | 22,2% | 47,1% |
| | Unterhaltungselektronik | 1 | 2,8% | 5,9% |
| | Andere | 1 | 2,8% | 5,9% |
| Total | | 36 | 100,0% | 211,8% |

*Abbildung 19: Art des Onlineeinkaufes mit dem Smartphone - Weiblich*
*(Quelle: Eigene Darstellung)*

Im Vergleich dazu zeigte sich bei der Auswertung der männlichen Befragten folgendes Bild: Auch hier wurde mit 12 Nennungen „Bekleidung" am häufigsten genannt, gefolgt von Büchern mit neun Nennungen und Sportartikel mit 8 Nennungen.

**$Was_haben_Sie_dabei_online_eingekauft Frequencies**

| | | Responses | | Percent of Cases |
|---|---|---|---|---|
| | | N | Percent | |
| Was haben Sie dabei online eingekauft?[a] | Bekleidung | 12 | 19,4% | 92,3% |
| | Elektronik | 3 | 4,8% | 23,1% |
| | Gutscheine | 1 | 1,6% | 7,7% |
| | Sportartikel | 8 | 12,9% | 61,5% |
| | Werkzeuge | 1 | 1,6% | 7,7% |
| | Möbel | 1 | 1,6% | 7,7% |
| | Haushaltsmittel | 1 | 1,6% | 7,7% |
| | Spielzeug | 2 | 3,2% | 15,4% |
| | Kosmetik | 3 | 4,8% | 23,1% |
| | Reisen | 2 | 3,2% | 15,4% |
| | Bücher | 9 | 14,5% | 69,2% |
| | Tiernahrung | 1 | 1,6% | 7,7% |
| | Medikamente | 2 | 3,2% | 15,4% |
| | Floristik | 1 | 1,6% | 7,7% |
| | Unterhaltungselektronik | 7 | 11,3% | 53,8% |
| | Dekoartikel | 2 | 3,2% | 15,4% |
| | Schreibwaren | 6 | 9,7% | 46,2% |
| Total | | 62 | 100,0% | 476,9% |

*Abbildung 20: Art des Onlineeinkaufes mit dem Smartphone - Männlich*
*(Quelle: Eigene Darstellung)*

Eine im März 2014 veröffentlichte Umfrage aus dem Jahr 2013 spiegelt genau das oben genannte Ergebnis wider. Befragt wurden im Zeitraum Juni 2013 bis August 2013 x Personen ab 13 Jahre, die via Smartphone online einkauften. An erster Stelle stand dabei mit knapp 42 Prozent „Mode/Accessoires", gefolgt von 32 Prozent, die online über das Smartphone Bücher kauften, wie nachfolgende Grafik verdeutlicht.

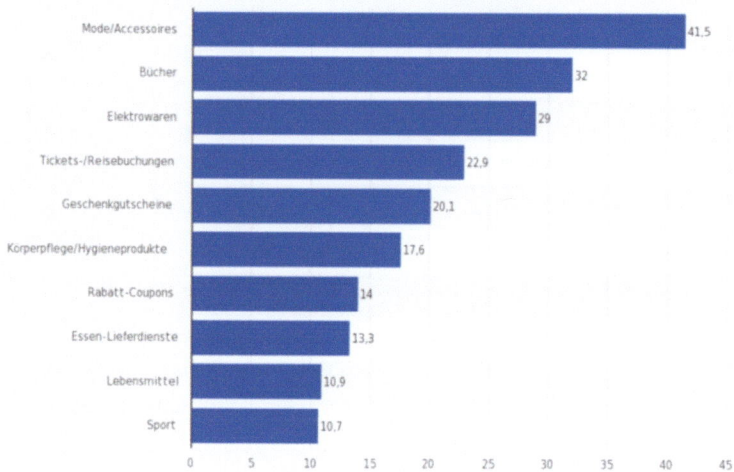

*Abbildung 21: Meistverkaufte Produkte via Smartphone in Deutschland*
*(Quelle: sellerconnect, 2014)* [83]

Daran anknüpfend wurde danach gefragt, was den Studierenden beim Einkauf mit dem Smartphone besonders wichtig sei. Mehrfachnennungen waren auch hier möglich.

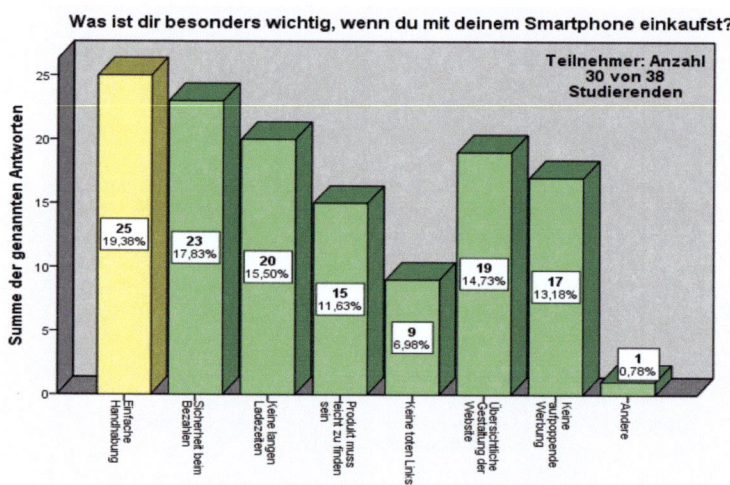

*Abbildung 22: Wichtigkeit beim Onlineeinkauf via Smartphone*
*(Quelle: Eigene Darstellung)*

---

[83] Vgl. sellerconnect, 2014.

Mit 25 Nennungen war den Studierenden der Jade Hochschule in Wilhelmshaven eine einfache Handhabung besonders wichtig, gefolgt von der Sicherheit beim Bezahlen mit 23 Nennungen. Dritthäufigste Antwort war „keine langen Ladezeiten" mit 20 Nennungen.

In Bezug auf die Bedenken der Studierenden gegen Online-Shopping mit dem Smartphone beantworteten die Studierenden bei der Möglichkeit der Mehrfach-antworten mit 16 Nennungen die Frage mit „Ich möchte das Produkt sehen und anfassen, bevor ich es kaufe", gefolgt von der Aussage „Meiner Meinung nach spricht nichts gegen das Online-Shopping mit dem Smartphone" mit 14 Nennungen. Dritthäufigste Antwort war „Ich habe Angst vor Datenmissbrauch". Eine Differenzierung nach Geschlecht wiederum zeigte, dass jeweils 10 von 22 weiblichen Stimmabgaben die Studierenden ein Produkt vor Ort ansehen und anfassen möchten und Sorge um den Missbrauch der persönlichen Daten haben. Lediglich sechs weibliche Studierende gaben hier an, dass aus Ihrer Perspektive heraus nichts gegen Online-Shopping spreche. Die nachfolgende Grafik verdeutlicht die gewonnenen Kenntnisse.

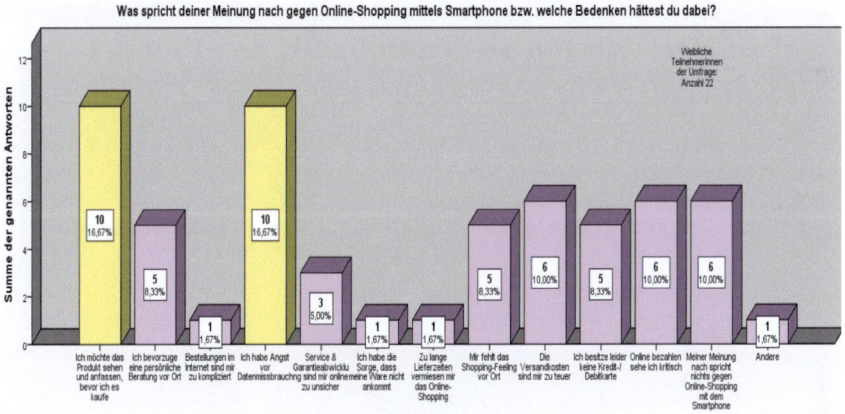

*Abbildung 23: Gegen Online-Shopping - Frauen*
*(Quelle: Eigene Darstellung)*

Bei den männlichen Studierenden hingegen sprachen sich acht von 16 Studierenden für das Onlineshopping mit dem Smartphone aus und äußerten keinerlei Bedenken. Jedoch wurde auch hier an zweiter Stelle die Notwendigkeit, dass Produkt anzufassen und zu sehen, angemerkt.

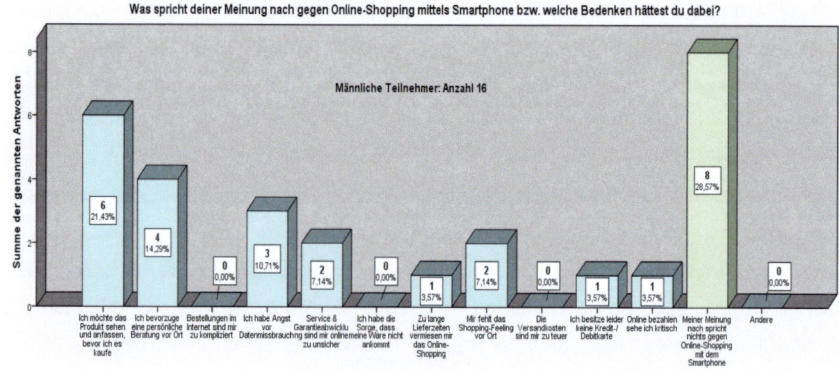

*Abbildung 24: Gegen Online-Shopping - Männer*
*(Quelle: Eigene Darstellung)*

Daran anschließend wurde gefragt, ob die Studierenden der Jade Hochschule schon einmal Produktinformationen über das Smartphone eingeholt haben, bevor sie einen Einkauf getätigt hatten. Hierbei gaben 15 Personen an, dies immer zu tun, 20 zumindest manchmal und lediglich drei Personen ließen sich lieber vor Ort beraten und holten keine Informationen via Smartphone ein.

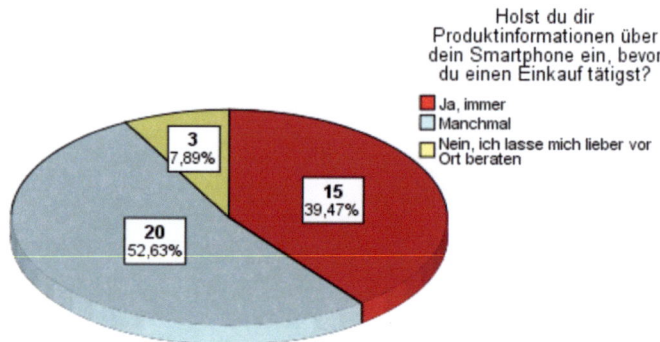

*Abbildung 25: Einholung von Produktinformationen vor Onlineeinkauf - Gesamt*
*(Quelle: Eigene Darstellung)*

Auch der Pure-Player Ebay befasste sich im Jahre 2012 mit dem Thema und untersuchte in seiner Verbraucherumfrage „Zukunft des Handels" die vorab getätigte Einholung von Produktinformationen mittels Smartphone. Dabei stellte sich heraus, dass mit 31% der Befragten, basierend auf n=1.000, sich fast jeder Dritte schon einmal Produktinformationen mit seinem Smartphone eingeholt hat, bevor er einen Einkauf tätigte.[84]

---

[84] Vgl. Ebay, 2012.

Hierbei stellte sich natürlich die Frage, über was sich die Studierenden mit dem Smartphone informiert hatten, wobei Mehrfachnennungen auch hier möglich waren.

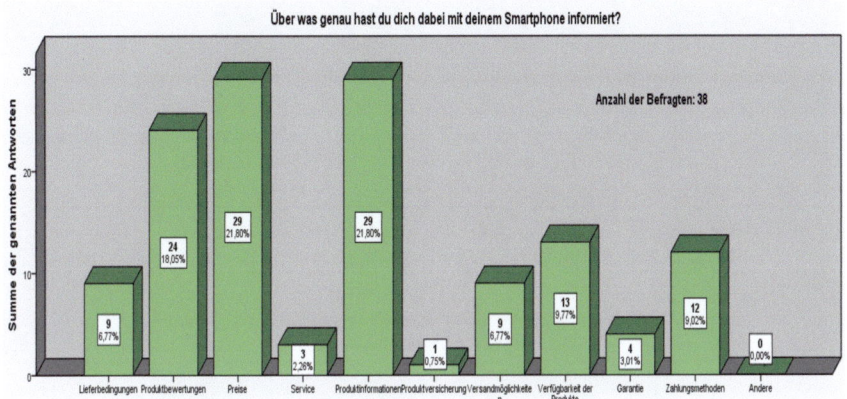

*Abbildung 26: Informationssuche via Smartphone - Gesamt*
*(Quelle: Eigene Darstellung)*

Mit jeweils 29 Nennungen waren Preise und Produktinformationen vorrangig für die Studierenden der Jade Hochschule in Wilhelmshaven interessant und wurden entsprechend via Smartphone gesucht. Daran anschließend folgten Produkt-bewertungen (24 Nennungen) und die Verfügbarkeit der Produkte (13 Nennungen). Bei der Differenzierung nach Geschlecht, bezogen auf die zwei erstgenannten Punkte, stimmten die Aussagen zu 100 Prozent überein.

Da aufgrund der bisherigen Ergebnisse darauf geschlossen werden kann, dass die Studierenden eine vorab getätigte Informationssuche mittels Smartphone favorisieren, erfolgte eine weitere Abfrage zur Frage „Was spricht deiner Meinung nach gegen eine Informationssuche über Produkte und Preise mittels Smartphone?". Auch hier war die Mehrfachnennung von Antwortkategorien möglich. Hierbei wurde zudem bezüglich Geschlecht differenziert. Bei den weiblichen Befragten wurden 11 Nennungen bei der Aussage dass „ihrer Meinung nach nichts gegen eine Informationssuche mittels Smartphone spreche" gemacht, neun der 22 Befragten machten eine schlechte Webseiten-Darstellung dafür verantwortlich, nicht mit dem Smartphone auf Informa-tionssuche zu gehen, weitere viermal wurde ein zu langsames mobiles Internet als Grund genannt, wie nachfolgende Grafik verdeutlicht.

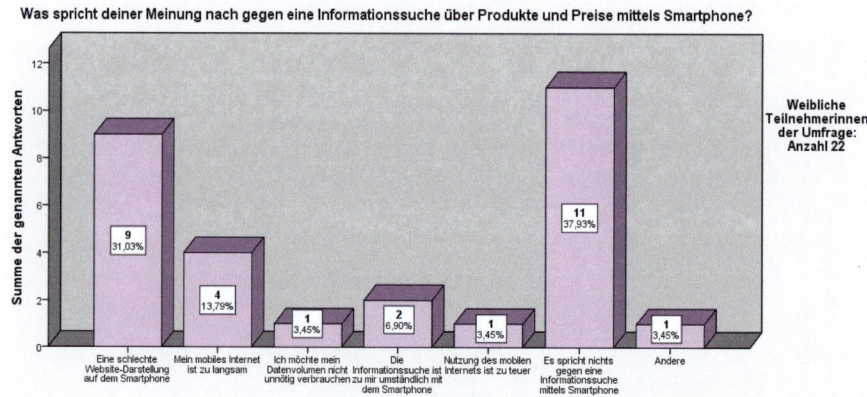

*Abbildung 27: Gegen Informationssuche via Smartphone - Frauen*
*(Quelle: Eigene Darstellung)*

Bei den männlichen Befragten der Umfrage ergab sich ein ähnliches Bild. Neunmal wurde die Aussage getätigt, dass „ihrer Meinung nach nichts gegen eine Informations- suche über Preise, Produkte oder dergleichen mittels Smartphone spreche". Am zweithäufigsten wurde ebenfalls die Webseiten-Darstellung als Grund dafür heran- gezogen, nicht via Smartphone Informationen zu suchen, gefolgt von einem zu langsamen Internet mit fünf Nennungen.

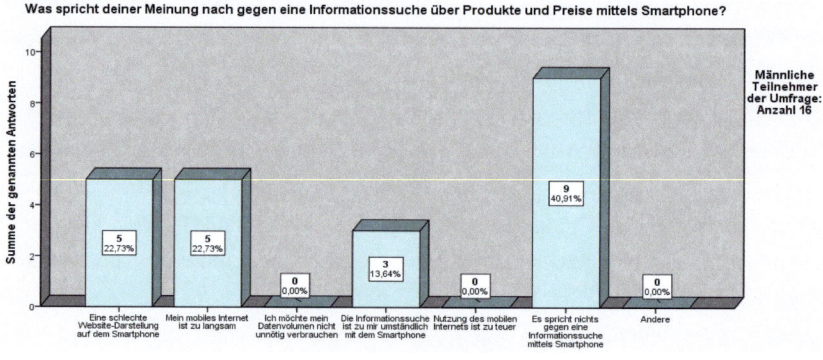

*Abbildung 28: Gegen Informationssuche via Smartphone - Männer*
*(Quelle: Eigene Darstellung)*

Als weiterer Teilabschnitt behandelte der Fragebogen das Thema Produkt- bewertungen. Hierbei wurde gefragt, ob Online-Produktbewertungen von anderen Nutzern auf dem Smartphone vor dem Kauf des Artikels gelesen wurden. Hierbei gaben 13 Personen an, dies immer im Vorfeld zu lesen, 21 zumindest manchmal und lediglich 4 Personen hatten noch nie eine Produktbewertung von anderen Nutzern vor dem Kauf eines Artikels gelesen, wie nachfolgende Grafik verdeutlicht.

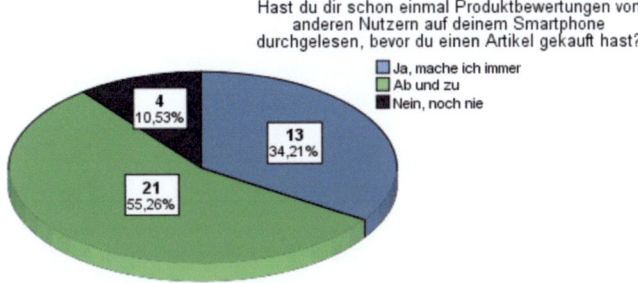

*Abbildung 29: Produktbewertungen anderer Internetuser - Gesamt*
*(Quelle: Eigene Darstellung)*

Auf die Frage hin, ob eine negative Produktbewertung die Kaufentscheidung der Studierenden negativ beeinflusst habe, gaben fast 90 Prozent der Befragten an, dass dies schon einmal der Fall gewesen sei. Hierbei wird keine Differenzierung nach Geschlecht deutlich, wie die nachfolgende Abbildung zeigt. 34 der 38 Befragten insgesamt hatten bereits aufgrund einer negativen Produktbewertung den Onlinekauf abgebrochen.

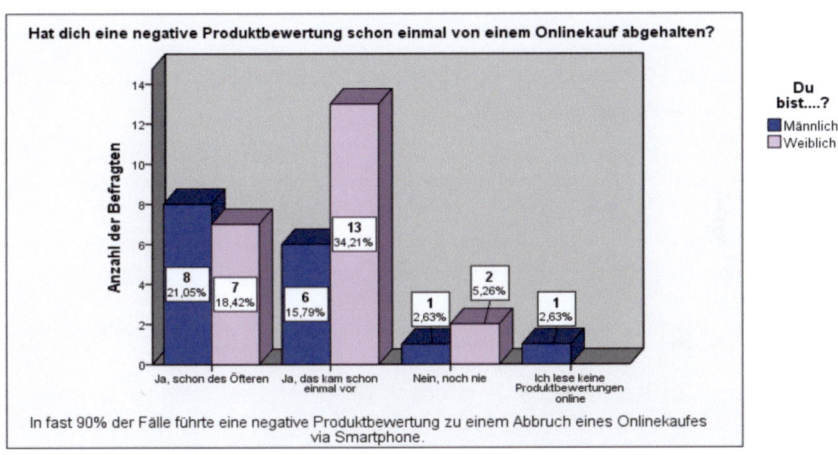

*Abbildung 30: Negative Produktbewertung - Abbruch des Onlineeinkaufes*
*(Quelle: Eigene Darstellung)*

Aufgrund der hohen Einflussmöglichkeiten durch Produktbewertungen wurde darauf anschließend gefragt, ob bereits selbst Produktbewertungen geschrieben und online für andere Internetnutzer zur Verfügung gestellt wurden.

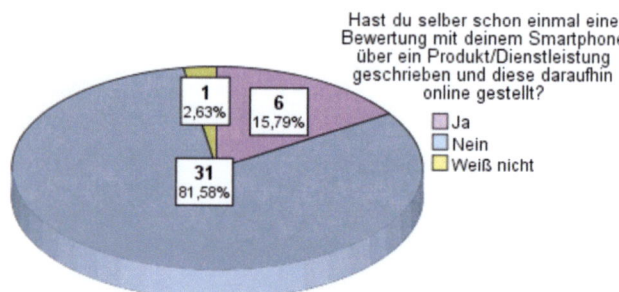

Hast du selber schon einmal eine
Bewertung mit deinem Smartphone
über ein Produkt/Dienstleistung
geschrieben und diese daraufhin
online gestellt?

☐ Ja
☐ Nein
☐ Weiß nicht

1 — 2,63%
6 — 15,79%
31 — 81,58%

Lediglich 6 von 38 Befragten haben schon einmal mit Ihrem Smartphone eine
Produktbewertung geschrieben und online gestellt.

*Abbildung 31: Eigenständige Bewertungen geschrieben - Gesamt*
*(Quelle: Eigene Darstellung)*

Die oben dargestellte Grafik zeigt anschaulich, dass die große Mehrheit der Befragten, nämlich 31 der 38 Teilnehmer noch nie eine Bewertung über ein Produkt oder eine Dienstleistung geschrieben und mit dem Smartphone online gestellt haben. Eine Person hat mit „weiß nicht" geantwortet, sechs Befragte gaben hingegen an, dies bereits getan zu haben. Dies entspricht einem Anteil von circa 15 Prozent.

Im dritten und letzten Abschnitt des Fragebogens wurden die Studierenden zu Ihrer Nutzung von sozialen Netzwerken befragt. Als Übergangsfrage wurde nach dem Kauf von Produkten über das Smartphone gefragt, die im Vorfeld in sozialen Netzwerken gesehen wurden. Hierbei gaben 24 der 38 Befragten an, dies noch nie getan zu haben, die verbliebenen 14 Personen hatten dies zumindest einmal bereits getan, wie in der nachfolgenden Grafik ersichtlich wird.

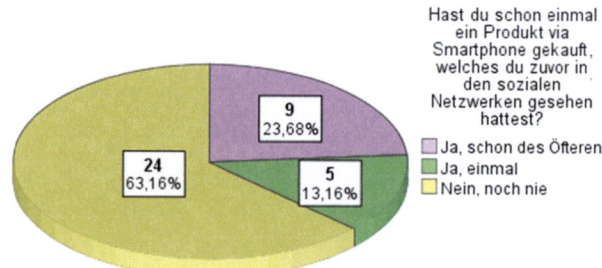

Hast du schon einmal
ein Produkt via
Smartphone gekauft,
welches du zuvor in
den sozialen
Netzwerken gesehen
hattest?

☐ Ja, schon des Öfteren
☐ Ja, einmal
☐ Nein, noch nie

9 — 23,68%
24 — 63,16%
5 — 13,16%

*Abbildung 32: Produkteinkauf nach Besuch sozialer Netzwerke*
*(Quelle: Eigene Darstellung)*

Die Antwortkategorie „Ich nutze keine sozialen Netzwerke" wurde von niemandem angekreuzt, zu berücksichtigen sind hier allerdings die unter den Einschränkungen bereits genannten Parameter. Gleiches gilt bei den darauf folgenden Fragen, nach der Nutzung der Art der sozialen Netzwerke.

| Art des sozialen Netzwerkes | Anzahl der Befragten, die folgendes Netzwerk nutzen |
|---|---|
| Facebook | 38 |
| Instagram | 20 |
| Twitter | 4 |
| Google+ | 5 |
| Tumblr | 0 |
| vk.com | 0 |
| LinkedIn | 4 |
| Xing | 7 |
| Pinterest | 4 |
| Reddit | 0 |
| Lovoo | 1 |
| Deviantart | 0 |
| Tinder | 0 |
| Badoo | 0 |
| andere | 4 |

*Abbildung 33: Nutzung von sozialen Netzwerken - Gesamt*
*(Quelle: Eigene Darstellung)*

Da die Umfrage über das soziale Netzwerk Facebook verteilt wurde, ist die Nennung von Facebook bei 38 der 38 Teilnehmer/innen nicht weiter verwunderlich und kann hier außer Acht gelassen werden. Interessant ist jedoch, dass weitere 20 Teilnehmer/innen ebenfalls Instagram als weiteres Netzwerk nannten, weit abgeschlagen von der dritt-häufigsten Nennung Xing. Andere soziale Netzwerke spielten eher eine untergeordnete Rolle. Eine Differenzierung nach Geschlecht (siehe Anhang) zeigte keine nennens-werten Unterschiede in der Nutzung der Art der sozialen Netzwerke. Neben der Art lag ein Fokus auf der Frequenz und Dauer der Nutzung sozialer Netzwerke, wobei hier Mehrfachnennungen je nach Art des Netzwerks und Dauer möglich waren.

In dem sozialen Netzwerk Facebook verbrachten die weiblichen Befragten in der Regel mit 6 Nennungen zwischen 40 und 60 Minuten am Tag, gefolgt von 5 Nennungen mit jeweils 10 bis 20 Minuten pro Tag. Lediglich eine Studentin gab an, dass sie weniger als zehn Minuten am Tag im sozialen Netzwerk aktiv war, das andere Extrem „mehr als drei Stunden pro Tag" kreuzten zwei Studierende an.

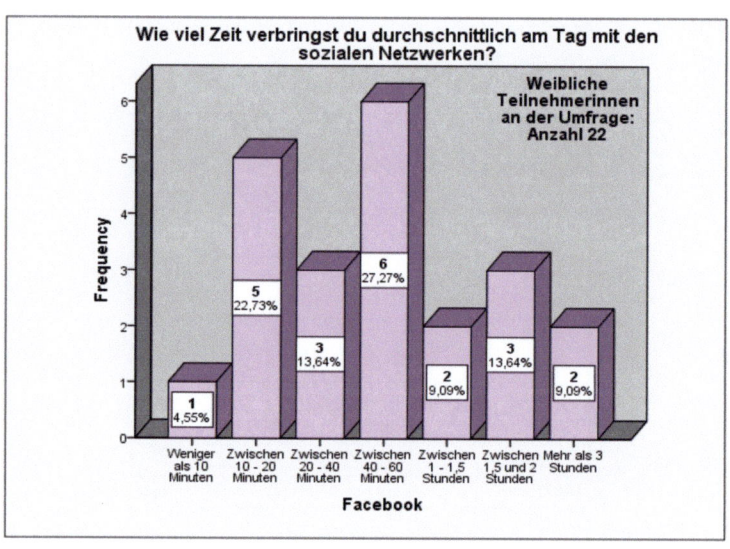

*Abbildung 34: Durchschnittliche Zeit am Tag in den sozialen Netzwerken - Frauen*
*(Quelle: Eigene Darstellung)*

Bei den männlichen Studierenden zeigte sich ein ähnliches Bild. So gaben sechs der 16 Studierenden an, Facebook zwischen 40 und 60 Minuten im Durchschnitt pro Tag zu nutzen, gefolgt von fünf Nennungen zwischen 20 und 40 Minuten. Auch hier gab es analog der weiblichen Befragten zwei Studierende, die mehr als drei Stunden täglich im Durchschnitt bei Facebook aktiv seien, wie nachfolgende Grafik darstellt.

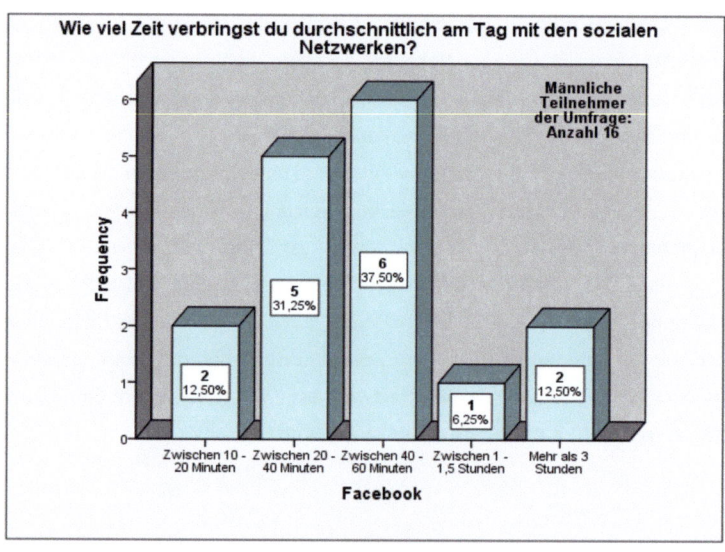

*Abbildung 35: Durchschnittliche Zeit am Tag in den sozialen Netzwerken - Männer*
*(Quelle: Eigene Darstellung)*

Das Netzwerk Instagram nutzten von den weiblichen Befragten 12 der 22 Studierenden, wobei sechs der 12 dort täglich zwischen 10 und 20 Minuten aktiv waren, knapp
gefolgt von weiteren 5 Studierenden, die als Nutzungsdauer von Instagram 40 bis 60
Minuten durchschnittlich pro Tag angaben.

**Instagram**

| | | Frequency | Percent | Valid Percent | Cumulative Percent |
|---|---|---|---|---|---|
| Valid | Keine Angabe | 10 | 45,5 | 45,5 | 45,5 |
| | Zwischen 10 - 20 Minuten | 6 | 27,3 | 27,3 | 72,7 |
| | Zwischen 20 - 40 Minuten | 1 | 4,5 | 4,5 | 77,3 |
| | Zwischen 40 - 60 Minuten | 5 | 22,7 | 22,7 | 100,0 |
| | Total | 22 | 100,0 | 100,0 | |

*Abbildung 36: Instagram - Frauen*
*(Quelle: Eigene Darstellung)*

Bei den männlichen Befragten gab es zu Instagram ein differenzierteres Bild. So gaben
drei der acht Personen an, die Instagram nutzten, zumindest zwischen 10 bis 20
Minuten durchschnittlich pro Tag online zu sein. Wie die nachfolgende Tabelle zeigt,
wurden darüber hinaus alle Antwortmöglichkeiten zur Nutzungsdauer von Instagram in
der Umfrage ausgeschöpft, jede mögliche Antwort wurde zumindest einmal angekreuzt.

**Instagram**

| | | Frequency | Percent | Valid Percent | Cumulative Percent |
|---|---|---|---|---|---|
| Valid | Keine Angabe | 8 | 50,0 | 50,0 | 50,0 |
| | Weniger als 10 Minuten | 1 | 6,3 | 6,3 | 56,3 |
| | Zwischen 10 - 20 Minuten | 3 | 18,8 | 18,8 | 75,0 |
| | Zwischen 40 - 60 Minuten | 1 | 6,3 | 6,3 | 81,3 |
| | Zwischen 1 - 1,5 Stunden | 1 | 6,3 | 6,3 | 87,5 |
| | Zwischen 1,5 - 2 Stunden | 1 | 6,3 | 6,3 | 93,8 |
| | Mehr als 3 Stunden | 1 | 6,3 | 6,3 | 100,0 |
| | Total | 16 | 100,0 | 100,0 | |

*Abbildung 37: Instagram - Männer*
*(Quelle: Eigene Darstellung)*

Für das Netzwerk Xing gaben drei weibliche Studierende an, dieses zu nutzen, wobei
eine Person das Netzwerk zwischen 40 und 60 Minuten im Durchschnitt nutzte, die
zwei anderen hingegen weniger als 10 Minuten.

**Xing**

| | | Frequency | Percent | Valid Percent | Cumulative Percent |
|---|---|---|---|---|---|
| Valid | Keine Angabe | 19 | 86,4 | 86,4 | 86,4 |
| | Weniger als 10 Minuten | 2 | 9,1 | 9,1 | 95,5 |
| | Zwischen 40 - 60 Minuten | 1 | 4,5 | 4,5 | 100,0 |
| | Total | 22 | 100,0 | 100,0 | |

*Abbildung 38: Xing - Frauen*
*(Quelle: Eigene Darstellung)*

Bei den männlichen Befragten gaben 4 Personen an, dies regelmäßig zu nutzen, wobei zwei der vier Personen, weniger als 10 Minuten hin bis zu 20 Minuten im Netzwerk verbrachten, die anderen zwei hingegen zwischen 1,5 und 2 Stunden sowie mehr als drei Stunden täglich.

**Xing**

| | | Frequency | Percent | Valid Percent | Cumulative Percent |
|---|---|---|---|---|---|
| Valid | Keine Angabe | 12 | 75,0 | 75,0 | 75,0 |
| | Weniger als 10 Minuten | 1 | 6,3 | 6,3 | 81,3 |
| | Zwischen 10 - 20 Minuten | 1 | 6,3 | 6,3 | 87,5 |
| | Zwischen 1,5 - 2 Stunden | 1 | 6,3 | 6,3 | 93,8 |
| | Mehr als 3 Stunden | 1 | 6,3 | 6,3 | 100,0 |
| | Total | 16 | 100,0 | 100,0 | |

*Abbildung 39: Xing - Männer*
*(Quelle: Eigene Darstellung)*

Da Unternehmen soziale Netzwerke als Werbeplattform für Produktplatzierungen entdeckt haben, wurde weiterhin gefragt, wie Produktwerbung in sozialen Netzwerken empfunden wird. Dabei gaben lediglich sieben der 38 Befragten an, dass sie die Werbung gut fänden, 20 Personen störten sich daran und 11 Personen gaben an, dass es Ihnen egal sei, ob dort Werbung geschaltet werde oder nicht. Nachfolgende Grafik untermauert die oben dargelegten Ergebnisse.

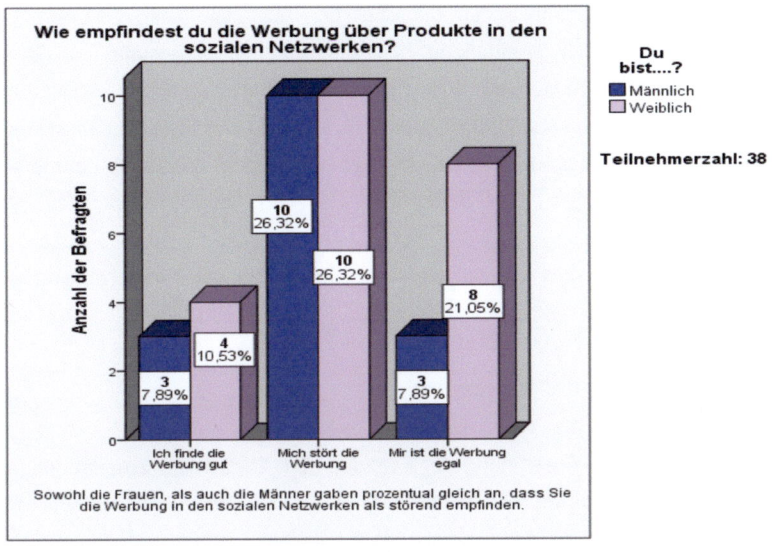

*Abbildung 40: Empfindung von Werbung in sozialen Netzwerken - Aufteilung nach Geschlecht*
*(Quelle: Eigene Darstellung)*

Abschließend wurde danach gefragt, wie das Zukunftskonzept „Bezahlen mit dem Smartphone" seitens der Studierenden der Jade Hochschule gesehen werde, wobei eine Differenzierung nach Geschlecht erfolgt ist.

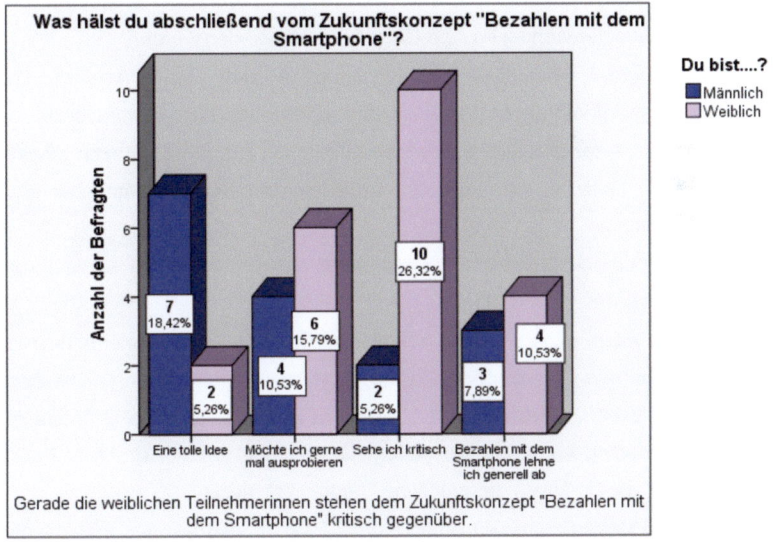

*Abbildung 41: Meinung zum Zukunftskonzept - Aufteilung nach Geschlecht*
*(Quelle: Eigene Darstellung)*

45

Es wird deutlich, dass insbesondere die weiblichen Teilnehmerinnen der Umfrage dem Konzept „Zahlen mit dem Smartphone" eher skeptisch gegenüberstehen, so gaben 14 der 22 weiblichen Befragten an, dass Sie dieses generell ablehnen (4 Nennungen) oder zumindest kritisch sehen (10 Nennungen). Nur acht weibliche Studierende gaben an, es gerne einmal ausprobieren zu wollen (6 Nennungen) und es für eine tolle Idee zu halten (2 Nennungen). Die männlichen Befragten standen dem Konzept aufgeschlossener gegenüber, so gaben sieben von 16 Personen an, das Bezahlen mit dem Smartphone eine gute Idee sei, weitere 4 würden dies gern einmal ausprobieren.

## Zusammenfassung der Ergebnisse

Abschließend soll die Auswertung der Umfrage „Die Generation Smartphone - Eine Chance für den stationären Handel? noch einmal kurz zusammengefasst werden, um daran anknüpfend in Punkt 5 entsprechende Empfehlungen für den stationären Handel abzuleiten.

- Alle Befragten nutzen in Zeiten der Digitalisierung ein Smartphone, wobei Android das am häufigsten genutzte Betriebssystem darstellt.
- Durchschnittlich verbringen die Studierenden 1 bis 2 Stunden täglich mit ihrem Smartphone.
- Im Durchschnitt befinden sich zwischen 10 bis 15 Applikationen auf dem Smartphone, die eigenständig im App-Shop heruntergeladen wurden.
- Am häufigsten beim Smartphone genutzt werden die Funktionen: Soziale Netzwerke, im Internet surfen, Nachrichten versenden und fotografieren.
- Mehr als 3/4 der Studierenden haben bereits mit ihrem Smartphone eingekauft, wobei die Nutzung von expliziten Apps für den Onlineeinkauf eher weniger interessant ist.
- Beim Onlineeinkauf mit dem Smartphone werden vorrangig Bekleidung und Bücher gekauft.
- Die Bedenken gegen Online Shopping mit dem Smartphone differenzieren hinsichtlich des Geschlechts. Männliche Befragte waren dem Onlineshopping aufgeschlossener gegenüber als weibliche Befragte. Bei den Gründen gegen Onlineshopping sprachen bei beiden Geschlechtern das „Touch & Feel" der Produkte vor Ort sowie der mögliche Datenmissbrauch.
- 35 der 38 Befragten haben schon einmal Produktinformationen mit dem Smartphone vor dem Einkauf eingeholt, wobei Preisinformationen oder weiterführende Produktinformationen im Fokus standen.

- Eine schlechte Website-Darstellung des Onlineshops der Händler auf dem Smartphone spricht für die Studierenden gegen eine Informationssuche über Produkte und Preise.

- 34 von 38 Befragten lesen Produktbewertungen anderer Nutzer online auf dem Smartphone vor dem Produktkauf. Hiervon haben ebenfalls 34 von 38 Befragten bereits bei negativer Produktbewertung den Onlinekauf abgebrochen.

- Lediglich sechs der 38 Befragten hat bereits eine eigene Produktbewertung erstellt und anderen via Smartphone online zur Verfügung gestellt.

- Mehr als 1/3 (14 von 38) der Befragten hat schon einmal ein Produkt gekauft, das zuvor in sozialen Netzwerken beworben wurde.

- Das am häufigste genutzte soziale Netzwerk ist Facebook, gefolgt von Instagram und Xing.

- Sowohl die weiblichen, als auch die männlichen Studierenden der Jade Hochschule beschäftigen sich durchschnittlich zwischen 40-60 Minuten täglich mit dem sozialen Netzwerk Facebook.

- Über 50 Prozent der Befragten empfindet die Werbung über Produkte oder Dienstleistungen in den sozialen Netzwerken als störend.

- Die Befragten stehen dem Zukunftskonzept „Bezahlen mit dem Smartphone" einerseits offen und weitere andererseits kritisch gegenüber, jeweils 50 Prozent, wobei weibliche Befragte in der Regel kritischer sind.

In Kapitel fünf sollen nun abschließend Empfehlungen für den stationären Handel ausgesprochen werden, die sowohl die Ergebnisse der Umfrage an der Jade Hochschule als auch die bereits aus der Literatur herausgearbeiteten Punkte integrieren.

# 5. Empfehlungen für stationäre Handelsunternehmen

## 5.1. Verknüpfung der Absatzkanäle zum Multi-Channel-Handel

Um Chancen und Empfehlungen für stationäre Handelsunternehmen anzuleiten, die aufgrund der Digitalisierung und der zunehmenden Nutzung des Smartphone unabdingbar sind, soll nachfolgend noch einmal kurz die Notwendigkeit der Verknüpfung unterschiedlicher Absatzkanäle ausgearbeitet werden, da dies, wie bereits in Kapitel 3.1.2 angesprochen, eine der wesentlichen Herausforderungen des stationären Handels darstellt.

### 5.1.1. Definition und Potentiale des Multi-Channel-Handels für stationäre Handelsunternehmen

Der Begriff des „Multi-Channel-Handels" gilt laut Heinemann als Kombination verschiedener Absatzkanäle, die seitens des Unternehmens dem Kunden zur Verfügung gestellt werden, um eine Leistung oder ein Produkt nachzufragen.[85] In der Praxis bezeichnet der Multi-Channel-Handel daher die neuartige Verknüpfung des stationären Handelsgeschäfts auf der einen Seite und den Internet-Handel plus ggf. den kataloggestützten Versand auf der anderen Seite. Im Gegensatz zum traditionellen Mehrkanalsystem ist der Internet-Handel notwendige Voraussetzung, um als Multi-Channel-Handel zu gelten, wie es beispielsweise bei der Tchibo GmbH mit tchibo.de der Fall ist. Ziel ist es, eine einheitliche Markenwahrnehmung des Konsumenten über alle Absatzkanäle hinweg sicherzustellen, wodurch aufgrund der Effektivität der Kundenbearbeitung auch Synergie- und Effizienzpotenziale offengelegt werden.[86] Als wesentlicher Treiber des Multi-Channeling gilt das veränderte Konsumentenverhalten, dass bereits im Kapitel 3.2. angesprochen wurde. Daher spiegeln der Aufbau und die Pflege der Kundenbeziehungen sowie die Leistungserbringung die generellen Nutzeffekte des Multi-Channel-Handels wider.[87] Die Art der Angebotsstreuung bietet die Chance einer horizontalen Diversifikation der Leistungserbringung, wobei hierbei bspw. ein adäquater Produkt- und Leistungsservice für ausgewählte Kanäle hinweg eingesetzt werden kann. Wie bereits zuvor erläutert, wird durch den Einsatz von Multichannel-Systemen zum einen der Umfang, aber auch die Intensität der Kundenbeziehung deutlich effektiver gestaltet und erhöht, da dem Kunden mehr Möglichkeiten und eine flexible Nutzung der Kanäle zur Bedürfnisbefriedigung gewährleistet werden, die wiederum den Effekt haben, Wechselbarrieren aufzubauen und damit Konsumenten besser und langfristiger an das Unternehmen zu binden.

---

[85] Vgl. hierzu und im folgenden Heinemann, 2011, S. 19.
[86] Vgl. hierzu und im folgenden Merx/Bachem, 2004, S. 32ff.
[87] Vgl. hierzu und im folgenden Merx/Bachem, 2004, S. 38f.

Die Potentiale des Multi-Channel Handels zeigen ganz deutlich, warum der stationäre Handel seine unterschiedlichen Absatzkanäle verknüpfen und vom derzeitigen Channel-Hopping, den Kunden die Möglichkeit zur Omni-Channel-Nutzung bieten sollte.

## 5.1.2. Vom derzeitigen Channel-Hopping zur Omni-Channel-Nutzung

Gegenwärtig gestaltet sich das Shoppingerlebnis des Konsumenten in der Mehrzahl aller Fälle, als ein sogenanntes „Channel-Hopping", also das sprunghafte Wechseln zwischen den Einkaufs- und Kommunikationskanälen, welches entweder parallel oder sequentiell stattfindet.[88] Um Channel-Hopping anhand eines Beispiels besser zu verdeutlichen, könnte bspw. ein potentieller Konsument in einem Versandkatalog eines Unternehmens auf ein Produkt aufmerksam werden, den Kommunikationskanal hin zum Internet wechseln, um online Preise zu vergleichen und das Produkt im 30 km entfernten Nachbarort kaufen und sich dort vor Ort beraten lassen, was wiederum einen Wechsel des „Channels" zur Folge hat.

Um diesen Aufwand für den Konsumenten zu reduzieren, sollten die unterschiedlichen Absatzkanäle aufeinander abgestimmt und miteinander verknüpft werden, um auch eine einwandfreie Integration der Warenwirtschaftssysteme der verschiedenen Absatz-kanäle eines Handelsunternehmen gewährleisten zu können. In der nachfolgenden Abbildung wird der idealtypische Channel-Hopping-Prozess repräsentiert.[89]

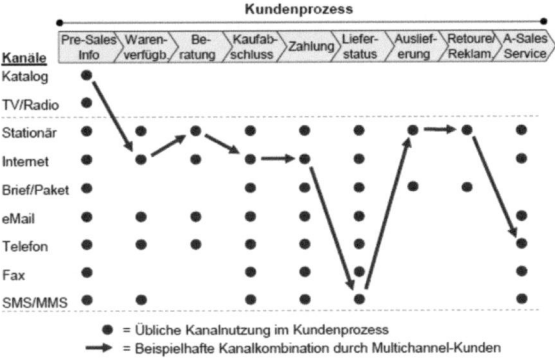

*Abbildung 42: Channel-Hopping im Kaufprozess*
*(Quelle: Heinemann, 2013, S. 19.)*

---

[88] Vgl. hierzu und im folgenden Heinemann, 2013, S. 18f.
[89] Vgl. ebd., S. 19.

Der Multichannel-Kunde nutzt alle ihm angebotenen Möglichkeiten der Absatz- und Kommunikationskanäle wie z.B. das Internet zur Überprüfung der Warenverfügbarkeit, daran anknüpfend den stationären Kanal, um sich vor Ort beraten zu lassen und abschließend das Telefon oder die Möglichkeit des Paketes in Form von Reklamationen oder Retouren nach Auslieferung der Ware. Der Multichannel-Kunde agiert somit flexibel am Markt hinsichtlich Kosteneffizienz und Informationsverfügbarkeit. Durch die Digitalisierung und dem daraus resultierenden erhöhten Einsatz des Smartphones geht die Entwicklung hin zur Omni-Channel-Nutzung als simultane Nutzung von diversen Vertriebskanälen und Medien.

Durch die zunehmende Produktinformationssuche via Smartphone am Point of Sale, gilt es für den stationären Handel seinen Onlineshop zu (re)launchen und enger mit seinem stationären Geschäft zu verknüpfen.[90] Da sich die Smartphone-Nutzung somit als wesentlicher Treiber der Omni-Channel-Nutzung im Multi-Channel-Handel darstellt, sollen nachfolgend drei Beispiele aufgeführt werden, die die Relevanz des mobilgerechten Onlineshops für ein stationäres Handelsunternehmen verdeutlicht:

- **Flexibilität** = Ein potentieller Konsument tätigt einen Wareneinkauf online via Smartphone, lässt sich dabei z.B. die Ware in Form von Kleidung nach Hause liefern, wo er sie später anprobiert. Dabei stellt sich heraus, dass die Größe mit seiner Größe nicht übereinstimmt und tauscht daher am nächsten Tag auf dem Weg zur Arbeit die Ware in einer Filiale um.

- **Erlebnis** = Durch die Digitalisierung wird das Shopping via Smartphone zum Erlebnis, denn der Konsument hat z.B. im Adidas NEO Store in Nürnberg die Möglichkeit, sich von einem interaktiven Spiegel fotografieren zu lassen und bspw. seine Freunde über Facebook oder andere soziale Netzwerke zu ihrer Meinung zu befragen und diese somit direkt in den Kaufentscheidungsprozess einzubeziehen. Fällt das Urteil der Community positiv aus, so kann der Konsument bequem mit dem Smartphone bestellen, indem er lediglich die URL inklusive eines Einmal-Pins eingibt.[91]

- **Einfachheit** = Auch die Suche nach Produktinformationen wie bspw. auf Preisschildern oder Etiketten wird durch die Nutzung eines Smartphones vereinfacht, denn lediglich durch das Abscannen eines QR-Codes werden in

---

[90] Vgl. hierzu und im folgenden Heinemann, 2013, S. 20f.
[91] Vgl. Schneider, 2012.

Sekundenschnelle alle wichtigen Produktinformationen auf das Smartphone des potentiellen Verbrauchers übertragen.[92]

Die drei aufgeführten Beispiele verdeutlichen, inwieweit sich das Konsumentenverhalten durch die Digitalisierung entwickelt hat.

### 5.1.3. Der No-Line-Handel als Format der Zukunft

Der Begriff „No-Line" bezieht sich auf das geänderte Konsumentenverhalten sowie die Nutzung unterschiedlichster Zugangswege und Absatzkänale zum Händler.[93] Im Gegensatz zum Omni-Channel Ansatz, der die parallele Nutzung verschiedener Vertriebskanäle beinhaltet, steht der „No-Line-Handel" für die kanalübergreifende Bereitstellung der gleichen Information, also der Verschmelzung von Online und Offline.

Die Voraussetzung eines No-line-Handels für jeden stationären Händler ist einerseits das Vorhandensein eines Mobile-Commerce-Kanals und andererseits eine maximale Vernetzung und Einbeziehung aller Absatzkanäle in Echtzeit. Hierbei gewährleistet der No-line-Händler den potentiellen Konsumenten ein Höchstmaß an Transparenz, indem er seinen Kunden die Möglichkeit von Preisvergleichen und den Abruf von Kundenrezessionen durch das Einscannen eines EAN-Codes am Point of Sale gewährt. Zukünftig werden stationäre Ladenflächen in Showrooms umfunktioniert, in denen der Konsument sowohl das „Touch & Feel" – Erlebnis erhält, als auch die digitalen Möglichkeiten wie bei Gefallen am Produkt das Abscannen des QR-Codes, um die Ware nach Hause liefern zu lassen. Eine solche Implementierung eines No-Line-Handels stellt die stationären Händler anfangs vor eine große Herausforderung, da hier zur Umsetzung ein Höchstmaß an E-Commerce – Reifegrads vorausgesetzt werden muss, aber bietet auch das größtmögliche Potenzial, sich den gesellschaftlichen Entwicklungen und dem geänderten Kundenverhalten anzupassen.

Es gilt, die Absatzkanäle derart miteinander zu vernetzen, dass dem Kunden nicht mehr bewusst ist, dass er sich auf unterschiedlichen Absatzkanälen bewegt. Sollte der stationäre Handel die Entwicklung zum No-Line Handel vollziehen, muss er seine Handelsstrukturen anpassen, wie die nachfolgende Grafik verdeutlicht:

---

[92] Vgl. Heinemann, 2013, S. 20.
[93] Vgl. hierzu und im folgenden Fost, 2014, S. 43ff.

*Abbildung 43: Veränderung der Handelsstrukturen*
*(Quelle: Heinemann, 2013, S. 4.)*

Durch den technologischen Fortschritt und die zunehmende Nutzung mobiler Endgeräte verändern sich die Strukturen des Handels rasant hin zum No-Line-Handel.[94] Mit dem veränderten Käuferverhalten und den damit anknüpfenden Erwartungen und Anforderungen am Markt, was wiederrum spezielle Auswirkungen für stationäre Handelsunternehmen hat, müssen sich die standörtlichen Betriebsformen mit der Digitalisierung weiterentwickeln, um diesen Ansprüchen sowohl zukünftig, als auch gegenwärtig gerecht zu werden.[95]

Diese Entwicklung hin zum No-Line-Handel bietet stationären Handelsunternehmen viele Chancen, wie etwa:

**Erhöhung der Konsumentenrente** = Eine Vielzahl von aktuellen und potentiellen Kunden können durch eine gezielte Angebotsstreuung in mehreren und breitgefassten Absatzkanälen erreicht werden. Ein stationäres Handelsunternehmen erhöht damit die Auswahlmöglichkeiten und erreicht eine breite Masse an potentiellen Kunden, wenn es seine Produkte über mehrere Absatzkanäle anbietet und „aus möglichst vielen Rohren breit schießt".[96]

**Erhöhte Marktabdeckung** = Durch eine maximierende Ausschöpfung der Konsumentenrente und eine umfassende Angebotsstreuung über alle Absatzkanäle hinweg, erschließt ein stationäres Handelsunternehmen neue Kundengruppen und

---

[94] Vgl. hierzu und im folgenden Heinemann, 2013, S. 224f.
[95] Vgl. ebd., 2013, S. 227f.
[96] Original aus Schobesberger 2007, S. 29.

erzielt dadurch eine erhöhte Marktabdeckung. Dies führt zur Möglichkeit, höhere Umsätze zu generieren. Die gegenwärtig lediglich stationär bestehenden Händler ohne Onlineshop erreichen häufig nur einen Bruchteil des avisierten Marktes über einzeln geführte Absatzkanäle und nutzen im Gegensatz zu anderen das unerschlossene Marktpotenzial nicht aus.[97]

**Imagegewinn und Markenverjüngung** = Unternehmen ohne Onlineshop gelten insbesondere bei jüngeren Käufergruppen als „veraltet", da die Mehrzahl der potenziellen Kunden das Smartphone im Kaufentscheidungsprozess unterstützend nutzen. Eine mobil nutzbare, einfache und übersichtliche Unternehmenswebseite mit Onlineshop ist daher essentiell, um bspw. Imagewerbung positiv zu betreiben

**Flexibilität & Kundentreue** = Kanalübergreifenden Aktivitäten in Form von Kundenbetreuung und entsprechender Angebotsstreuung bieten dem stationären Handel eine enorme Chance, den Kunden langfristig an das Unternehmen zu binden. Hierzu zählt beispielsweise eine dokumentierbare Kaufhistorie sämtlicher Einkäufe des Kunden, um Konsumenten zielgerecht ansprechen zu können.

Diesbezüglich entwickelt sich das mobile Internet zur Schlüsselrolle für den Erfolg eines No-line-Handels, da das Smartphone verstärkt unterstützend im Kauf-entscheidungsprozess eingesetzt wird und der stationäre Handel ebenfalls vor Ort „online" und flexibel am Markt agieren kann.[98] Im Zuge dessen gewinnt auch das Mobile Customer Relationship Management an Bedeutung, dass nachfolgend skizziert wird.

## 5.2. mCRM - Customer Relationship Management als Schlüssel zum Erfolg

Das mobile CRM, Customer Relationship Management, spielt eine entscheidende Rolle bezüglich der Implementierung von Mobile Commerce und der Markt-positionierung für stationäre Handelsunternehmen. Als Erfolgsfaktoren zählen die gezielte Ausrichtung der Absatzkanäle auf die Bedürfnisse des Kunden als auch die Initiierung und Instandhaltung der Kundenbeziehungen.[99] Ziel eines jeden Handels-unternehmen ist es hierbei, den einzelnen Kunden langfristig für das Unternehmen zu gewinnen und die interne Marketing-Politik so auszurichten, dass nicht wie

---

[97] Vgl. hierzu und im folgenden Heinemann, 2013, S. 224f.
[98] Vgl. hierzu und im folgenden Fost, 2014, S. 43ff.
[99] Vgl. hierzu und im folgenden Heinemann, 2012, S. 59f.

handelsüblich die breite Masse, sondern der einzelne Kunde im Fokus des Mobile Customer Relationship Management steht und individuell angesprochen wird.

Die stationären Handelsunternehmen können dabei die Konsumenten in sogenannten „Lebenszyklusphasen" einordnen und dementsprechend ihre Marketingmaßnahmen gezielt einsetzen, denn Familien stellen beispielsweise ganz andere Ansprüche und Bedürfe an den Markt, die mit ganz anderen finanziellen Möglichkeiten gestützt werden, als z.B. ein Auszubildender. Auch sollten Handelsunternehmen im Mobile Customer Relationship Management die Umstände und Gründe der abgewanderten Konsumenten genau analysieren, um aus diesen internen Fehlern oder Schwächen richtige Erkenntnisse/Rückschlüsse in Form von adäquaten Maßnahmen zu schließen, damit der zukünftige Abwanderungsfluss weiterer Kunden gestoppt wird. So könnte eine systematische Aufbereitung aller Kundendaten im Warenwirtschaftssystem geführt werden, wobei alle Informationen über die Art, Anzahl und Preise der Artikel, sowie die Häufigkeiten der Einkäufe und die jeweilige Zeit und der Ort des Shoppingerlebnisses eingefügt werden. [100]

## Kundengewinnung und Kundenbindung im Mobile Commerce

Um den Kunden über sein Smartphone für seine Produkte zu gewinnen, haben die Handelsunternehmen verschiedene Möglichkeiten und Instrumente, die im nach-folgenden aufgelistet werden. Eine Art von Direktmarketing im Onlinehandel für stationäre Handelsunternehmen stellt das E-Mail Marketing bzw. Permission Marketing dar, welches wiederum in unterschiedliche Typ-Arten kategorisiert werden kann.

**E-Mail Marketing bzw. Permission Marketing:** Durch Direktmarketing soll der Kunde in Form von E-Mails, Mailings oder Newsletter, die unmittelbar auf das Smartphone des Konsumenten versendet werden, auf die Website des Unternehmens weitergeleitet werden, mit dem Ziel, durch einmalige Angebote einen Produkteinkauf zu tätigen.

Diese Form der Kundengewinnung steigt im Handel kontinuierlich, da sich diese Marketingmaßnahmen als relativ kostengünstig herausstellen, gleichzeitig aber durch eine hohe Response-Quote sehr erfolgreich am Markt agieren.[101] Die Erstellung einer E-Mail oder eines Newsletters gestaltet sich als einfach und kann unzählige Male wiederverwendet werden, ohne dass etwaige Änderungen vorgenommen werden müssen. Ein bedeutender Vorteil des E-Mail Marketing ist die mittelbare Messbarkeit des Erfolges, der sich wie oben erwähnt in der Response-Quote sowie an Neu-

---

[100] Vgl. Heinemann, 2015, S. 73.
[101] Vgl. hierzu und im folgenden Heinemann, 2015, S. 77f.

anmeldungen und Abmeldungen, verfolgen lässt. Die Art der E-Mails lässt sich dabei in unterschiedliche Typen kategorisieren:

- **Trigger E-Mails** = Darunter versteht man eine E-Mail, die zu einem bestimmten Anlass wie z.B. einem Geburtstag auf das Smartphone des Konsumenten bspw. mit einem Gutschein versendet wird.

- **Split E-Mail** = Diese Art von E-Mails wird vorab dazu genutzt und versendet, um die Resonanzen einer E-Mail auf dem Smartphone zu untersuchen.

- **Life Cycle E-Mail** = Diese Art von Direktmarketing orientiert sich an die jeweiligen Lebenssituationen der potentiellen Konsumenten (bspw. Angebote für ältere Zielgruppen).

- **E-Newsletter** = Der E-Mail Newsletter dient vor allem dazu, Kaufinteresse beim Konsumenten zu wecken und ist meistens mit einer Verlinkung zur Unternehmenswebsite verbunden.

Diese vier Beispiele des Direktmarketings können sich als Unternehmen nur gewinnmaximierend herausstellen, denn Input und Output stehen in keinem Vergleich. Der Aufwand dieser elektronischen Marketingmaßnahmen tendiert gegen Null, der Ertrag wiederum ist immens, denn der Kundenkreis eines Unternehmens - und damit auch der Gewinn - kann kontinuierlich erhöht werden.[102]
Eine weitere effiziente Maßnahme zur Kundengewinnung stellt das Marketing via Suchmaschinen dar. Bei über 100 Millionen Suchanfragen pro Monat, die über Google getätigt werden, stellt diese eine weitere Chance dar, den Konsumenten über die neuen Touchpoints zu erreichen, gerade da mittlerweile mehr Anfragen bspw. in den USA oder Japan via Smartphone als mit der Desktopversion gestartet werden.[103]

**Suchmaschinenmarketing:** Zum ersten Anlaufpunkt kristallisiert sich mit sogenannten „Keywords" in 57% aller Kaufentscheidungen die Suche mittels Suchmaschinen wie bspw. Google oder Yahoo heraus.[104] Demzufolge weist eine hohe Platzierung in der Ergebnisleiste der Suchmaschinen einen enormen Stellenwert aus, um interessierte Nutzer und damit zugleich potentielle Kunden auf die eigene Website zu locken.

---

[102] Vgl. Heinemann, 2015, S. 78.
[103] Vgl. MacMillan, 2015.
[104] Vgl. Heinemann, 2015, S. 76.

Zudem können die jeweiligen Suchmaschinen anzeigen, mit welchen mobilen Endgeräten die Konsumenten den Suchvorgang gestartet haben.[105] In der Regel werden lediglich die ersten zehn Positionen in der Ergebnisliste vom Konsumenten angeschaut, daher gelten diese Positionsbereiche als sogenannte 1-A-Lagen.[106] Eine hohe Platzierung ist beispielsweise gegen Bezahlung in Form von Keyword Advertising möglich.

**Viral Marketing:** Unter diesem Marketinginstrument versteht man im Groben die Mund-zu-Mund-Propaganda, allerdings unter Voraussetzung eines mobilen Datenweges.[107] Internet-User sollen hierbei animiert werden, um z.B. Bilder, Informationen oder Videos, die Sie auf ihrem Smartphone haben, an ihre Freunde weiterzusenden. Vorteil dieses Marketinginstruments sind einerseits die schnelle Verbreitung im WWW (World Wide Web) und anderseits die geringen anfallenden Kosten für das Marketing. Dazu werden sogenannte Virals, also elektronische Werbekommunikationsbotschaften, häufig in der Praxis eingesetzt um neue Marken, Produkte oder Dienstleistungen zu veröffentlichen.[108] Diese Botschaften sollen den potentiellen Kunden emotional ansprechen und einen Erstkontakt zum Unternehmen einfädeln. Dabei sollten die Werbebotschaften eher humorvoll und interessant gestaltet werden, da diese Art von Kommunikationsaustausch häufiger an Freunde oder Gleichgesinnte versendet wird.[109] In ihrer Effizienz übersteigt Viral Marketing dabei herkömmliche Kampagnen um ein vielfaches und kostet im Vergleich dazu einen Bruchteil.

**Banner-/Display Marketing:** Bei dieser mobilen Marketingmaßnahme werden Botschaften in Form von Banner auf unternehmensfremden Webseiten der Wettbewerber platziert, um potenzielle Kunden abzuwerben und auf die eigene Webseite weiterzuleiten.[110] Die Banner können individuell gestaltet werden und unterschiedliche Funktionalitäten aufweisen (animiert vs. statisch). Als Spezialform des Display-Marketings gilt der Pop-up Banner bspw. auf Shopping- oder Nachrichten-plattformen, der die eigentlichen Inhalte der Webseite mit Werbung überlappt. Diese Form des Marketings ist für den potentiellen Kunden eher abschreckend und lästig, da immer mehr Personen auf ihren mobilen Endgeräten Pop-up-Blocker installieren, um diese ungewollten Werbebotschaften zu unterbinden. Jedoch zählt diese Art von

---

[105] Vgl. Krum, 2012, S. 210f.
[106] Vgl. Heinemann, 2015, S.76.
[107] Vgl. Holland/Bammel, 2006, S.103.
[108] Vgl. Heinemann, 2015, S. 78.
[109] Vgl. Holland/Bammel, 2006, S.103.
[110] Vgl. hierzu und im folgenden Heinemann, 2015, S.77f.

Werbung in Deutschland, neben Suchmaschinenmarketing, zum größten Cluster im Online-Werbebudget und wird von rund 21 Prozent der Unternehmen eingesetzt.[111]

**Offline Marketing:** Als gutes Beispiel für die erfolgreiche Verknüpfung von offline- und Online Marketing über mehrere Absatzkanäle hinweg gelten unter anderem Zalando oder Ebay, die beispielsweise Medien wie TV-Werbung als effektivstes Werbemedium nutzen, um potenzielle neue Kunden zu gewinnen.

Zusammenfassend lässt sich sagen, dass das Medium Internet den stationären Handelsunternehmen eine enorme Chance durch den Zugang zu großen E-Mail-Datenbeständen bietet, um via E-Mail-Marketing, Bannerwerbung oder viralen Marketinginstrumenten Neukunden erfolgreich zu gewinnen.[112]

## 5.3. Wie wirbt man mobil?

Die mobilen Endgeräte spiegeln die wesentlichen Treiber der Digitalisierung wider. Handelsunternehmen müssen daher ihre internen Abläufe optimieren und potenzielle Konsumenten in Echtzeit über aktuelle Angebote und Aktionen informieren können. Das Potenzial des Smartphone liegt hier als interaktives Medium vorrangig im Dialog.[113] Einige Möglichkeiten, um den potentiellen Kunden am Markt mittels mobiler Marketingmaßnahmen akquirieren zu können, sollen nachfolgend erläutert werden.

### 5.3.1. Push- oder Pull-Prinzip

Ein Großteil von Mobile-Marketing-Kampagnen funktioniert nach dem Push- oder Pull-Prinzip. Bei dem Push-Prinzip gehen die Aktionen vom Anbieter aus und die Handelsmarke sendet unerwartet eine Botschaft auf das Smartphone der potentiellen Konsumenten. Der stationäre Hersteller „stößt" somit sein Produkt über das Smart-phone in den Markt, daher der Name Push-Marketing. Er gewährt dem Verbraucher spezielle Rabatte wie etwa mobile Coupons für bestimmte Produkte, die dieser vor Ort im Einzelhandel beim Kauf an der Kasse vorzeigen und einlösen kann. Das Ziel bei dieser Form von Marketing ist es, eine geeignete Strategie in der internen Kommunikationspolitik zu entwickeln, damit die potentiellen Kunden beginnen, auf Eigeninitiative ein stationäres Handelsunternehmen aufzusuchen, Produkte und Angebote am Markt nachzufragen oder über soziale Netzwerke mit dem Unternehmen

---

[111] Vgl. Heinemann, 2015, S. 77.
[112] Vgl. ebd., S. 78f.
[113] Vgl. hierzu und im folgenden Kuellenberg/Quente, 2006, S.103 ff.

in Kontakt zu treten. Zu berücksichtigen ist jedoch, dass insbesondere in der Praxis Push-Marketing nicht so viele Kunden erreicht wie gewünscht.[114]

Beim Pull-Prinzip eröffnet der Konsument den Handy-Dialog mittels einer Aktion und ein stationäres Handelsunternehmen reagiert lediglich auf die Anfrage.[115] Diesem Prinzip kommt in der Werbewelt die meiste Sympathie entgegen, da der potenzielle Konsument eigeninitiativ die Anfrage gestartet hat, bspw. um weitergehende Informationen zu einem Produkt zu erhalten und damit aufnahmebereiter als beim Push-Prinzip ist. In der Praxis ist dies jedoch eher seltener der Fall. Die unten aufgeführte Abbildung beschreibt zusammenfassend die zwei Möglichkeiten des Push- und Pull-Prinzips.

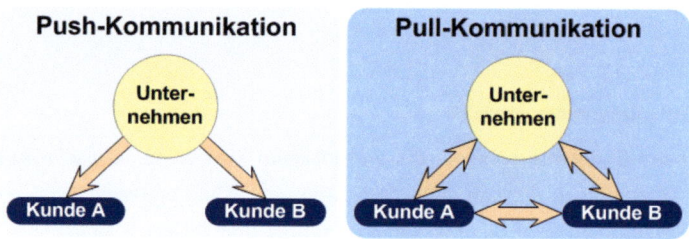

*Abbildung 44: Vergleich Push- und Pull-Kommunikation*
*(Quelle: Wikia, 2016)*

Aufgrund der Digitalisierung und dem damit verbundenen erleichterten Zugang zu Produktinformationen, sowie der gesteigerten Interaktion mittels Smartphone und dem mobilen Internet, gilt es den potentiellen Kunden durch kreative und effektive Marketingstrategien zu erreichen.

Zwei weitere Arten von Kampagnen zur Kundenakquise stellen die sogenannten „Codebasierten Gewinn-Kampagnen" und „Mobile-Content-Kampagnen" dar, die im Nachfolgenden kurz erläutert werden.[116]

### 5.3.2. Codebasierte Gewinn-Kampagnen

**Codebasierte Gewinn-Kampagnen** erwecken Aufmerksamkeit beim Konsumenten und motivieren kurzfristig zum Kauf von Produkten, wobei die Konsumenten sich selten mit der Marke oder ihren Werten beschäftigen. Gerade große und etablierte Marken wie Cola-Cola benötigen Gewinn-Promotionen, um sich einerseits im Handel immer wieder positiv und neu darstellen zu können und andererseits den Produktabverkauf im

---

[114] Vgl. Marketing-Börse, 2012.
[115] Vgl. hierzu und im folgenden Kuellenberg/Quente, 2006, S.104ff.
[116] Vgl. hierzu und im folgenden Kuellenberg/Quente, 2006, S.110f.

Handel zu fördern. Wenn es keine Innovation in Form einer neuen Geschmacksrichtung gibt, führen zeitlich begrenzte Gewinnspiele z.B. zu Festtagen wie Weihnachten oder Events wie eine Fußballweltmeisterschaft zum Erfolg. Bei mobilen Gewinnkampagnen fokussiert das Handelsunternehmen neben der Verringerung des eigenen Aufwands durch automatisierte Prozesse sowie physikalisch anfassbaren Gewinnen wie bspw. Bargeld insbesondere digitalen Content wie Klingeltöne, Spiele oder Wallpaper, die sich direkt nach der Teilnahme über das Smartphone einlösen lassen. Somit erfährt der Verbraucher nicht nur ein positives Produkterlebnis, sondern auch ein viel versprechendes Markenerlebnis - und das sofort. Daher gelten codebasierte Gewinn-Kampagnen als verkaufsfördernde Maßnahmen, die direkte Kaufimpulse am Point of Sale geben. Neben diesen gelten ebenfalls mobile Gutschein-Kampagnen als äußerst effektiv für stationäre Händler.

### 5.3.3. Mobile-Gutschein-Kampagnen

**Mobile-Gutschein-Kampagnen** sind über viele Kommunikationskanäle hinweg einsetzbar und werden oft zeitlich befristet, beispielsweise bei einem Einkaufsrabatt in Form eines Wareneinkaufswerts von z.B. fünf Euro.[117] Während Gutscheine bislang häufig in Printmedien oder per E-Mail versandt wurden, ermöglicht das Smartphone einen noch direkteren Kundenkontakt. Essentiell bei der Versendung ist der Aufenthaltsort des Empfängers, da bei Nähe zum POS ein mobil verschickter Gutschein auf das Smartphone dazu verleiten kann, diesen im Handel direkt zu nutzen. Hierbei können Unternehmen gezielt spezifische Absatzkanäle stärken, die Wirksamkeit dieser hinterfragen und mehr über das Konsumentenverhalten erfahren, um diese dann auf den Verbraucher abzustimmen und zu optimieren.[118]

Zusammenfassend sprechen die dargestellten Kampagnen den Konsumenten zumindest temporär an, machen auf Angebote und Aktionen aufmerksam und ermöglichen die Überprüfung der Effizienz einzelner Absatzkanäle.[119]

### 5.4. Website versus Applikation

Eine mobile Website erstellen oder eine eigene Applikation entwickeln? Oder beides? Immer mehr Konsumenten nutzen das Smartphone, Tablets und andere mobile Endgeräte im Alltag und Unternehmen müssen bei dieser Frage genau abwägen, welches interaktive Medium zu ihrem Handel passt. Aus Sicht der Nutzer bietet eine

---

[117] Vgl. hierzu und im folgenden Kuellenberg/Quente, 2006, S.137.
[118] Vgl. ebd., S.137f.
[119] Vgl. ebd., S.138.

mobile Website eine schnelle und unkomplizierte Erreichbarkeit und bedarf keiner vorherigen Installation.[120] Eine Applikation weist hingegen deutlich kürzere Ladezeiten auf, da Layout und Darstellung schon feststehen, ledig der Inhalt muss aktualisiert werden. Des Weiteren kann eine App den potentiellen Konsumenten über „Push-Nachrichten" auf Neuigkeiten oder Angebote hinweisen, die durch eine mobile Website nicht ausgelöst werden können.

Bereits die Umfrage an der Jade Hochschule in Wilhelmshaven als auch die Studie „Mobile Effects 2016" zeigen hierbei, dass das Betriebssystem Android das am häufigsten verwendete Betriebssystem der Konsumenten ist.[121] Nichtsdestotrotz müssten - um möglichst viele Kunden zu erreichen - Applikationen für diverse Betriebssysteme zur Verfügung gestellt werden, damit jeder Konsument problemlos online via App einkaufen könnte. Eine Alternative der verschiedenen Betriebssysteme könnte eine Mischung aus beiden Anwendungen darstellen, die sogenannten „nativen Applikationen", mit denen auf bestimmte Funktionen des Smartphones zurückgegriffen werden kann, worauf Web-Applikationen keinen Zugriff haben.[122]

Darüber hinaus stellt sich die Frage, ob und wie viele Applikationen seitens der Nutzer auch auf dem Smartphone installiert werden, da diese noch eigenständig heruntergeladen werden müssten. Bei der Umfrage an der Jade Hochschule unter den Studierenden wurden vorwiegend zwischen fünf und 15 Apps eigenständig installiert, wie nachfolgende Grafik zur Erinnerung zeigt:

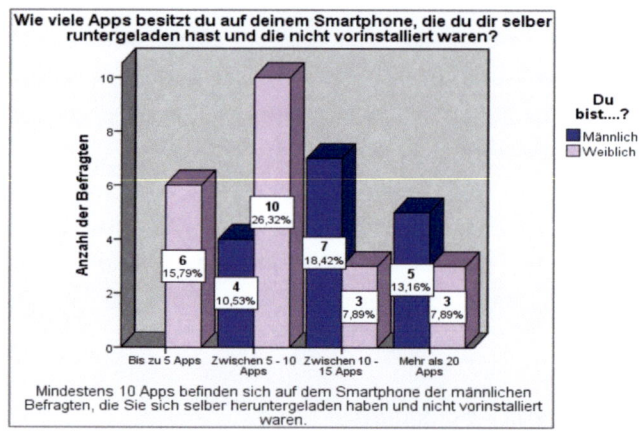

*Abbildung 45: Besitz an Applikationen auf dem Smartphone*
*(Quelle: Eigene Darstellung)*

---

[120] Vgl. Focus, 2012.
[121] Vgl. ForwardAdGroup, 2016.
[122] Vgl. Heinemann, 2012, S. 47f.

Auch andere Umfragen und Studien stützen dieses Ergebnis, laut einer Umfrage der Statista, durchgeführt in 2016, haben circa 30 Prozent der Befragten durchschnittlich 11 bis 20 Applikationen auf ihrem Smartphone installiert.

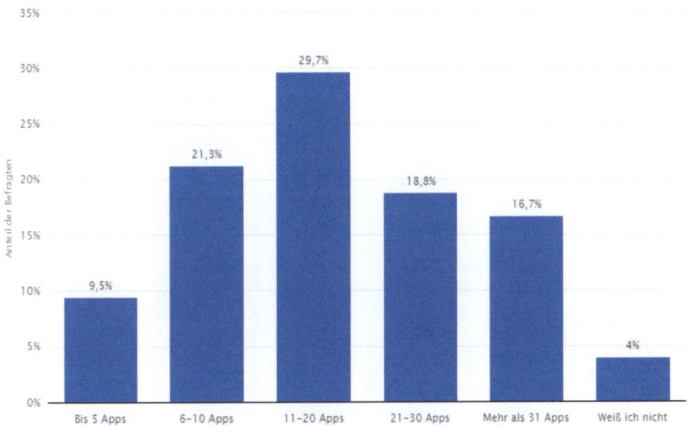

*Abbildung 46: Wie viele Apps haben Sie auf Ihrem Smartphone installiert?*
*(Quelle: Statista, 2016.)*

Bei Millionen von Apps, die derzeit zum Download angeboten werden, schafft es eine neu entwickelte App meist nur mit einem einfallsreichen Marketing auf die obersten Plätze der Download-Charts, was wiederum einen erheblichen Kostenaufwand nach sich ziehen kann.[123] „So ist für die Bekanntmachung einer App in etwa das gleiche Budget wie für die Entwicklung einzuplanen."[124]

Aufgrund der vorangegangenen Erläuterungen empfiehlt es sich für stationäre Handelsunternehmen, im ersten Schritt die mobilgerechte Implementierung eines Online-Shops auf der eigenen Webseite einzurichten.[125] Vorteil hierbei ist es, dass Konsumenten ihr erlerntes Surfverhalten im Internet anwenden können und sich nicht auf eine neue Applikation einstellen müssen. Für die Unternehmen ist es darüber hinaus wesentlich kostengünstiger, da sie systemunabhängig lediglich die jeweils aktuellen Browsertechnologien berücksichtigen müssen. Mobile Webseiten haben darüber hinaus den Vorteil, dass Sie potenzielle Kunden schneller und unkomplizierter erreichen und nicht vorab prüfen müssen, ob eine App installiert ist.[126]

---

[123] Vgl. Heinemann/W. Gaiser , S. 165.
[124] Original aus Heinemann/W. Gaiser, 2015.
[125] Vgl. ebd., S. 165.
[126] Vgl. Heinemann, 2012, S. 48.

## 5.5. Innovative Trends erkennen und umsetzen

In Zeiten der Digitalisierung haben stationäre Handelsunternehmen viele Möglich-keiten, sich und ihre Produkte breit am Markt aufzustellen. Eine Maßnahme sind sogenannte Showrooms, die insbesondere durch das „Touch & Feel"-Erlebnis als eine Art der Produktvermarktung vor Ort eine ideale Verbindung zwischen Online und Offline darstellen. Der Kunde kann sich z.B. die neusten Modetrends, wie es derzeit der Adidas Neo Store in Berlin ermöglicht, anschauen, anprobieren und seine Freunde über soziale Netzwerke am Kaufentscheidungsprozess partizipieren lassen.[127]

*Abbildung 47: Share your Look*
*(Quelle: hamburg.de, 2016)*

Der Konsument vermarktet einerseits die Marke und das Produkt durch das „Teilen" selbstständig, wodurch keine Marketingkosten beim Unternehmen anfallen, anderer-seits wird das Unternehmen dem Anspruch der Kunden gerecht, „Produkte vor Ort ansehen und anfassen zu können", wie bereits in Kapitel vier in der Umfrage an der Jade Hochschule Wilhelmshaven erörtert. Für das Unternehmen fallen überdies keine Lagerunterhaltungskosten an, da in Showrooms in der Regel jeder Artikel nur einmal zur Verfügung gestellt wird.[128] Durch Einscannen des QR-Codes via Smartphone kann der Kunde die Artikel online bestellen und nach Hause liefern lassen.

Die bereits erwähnte Studie „Zukunft des Handels" aus dem Jahr 2012, bei der 1000 Personen befragt wurden, kam zu dem Ergebnis, dass sich zwei Drittel der Befragten vorstellen können, dass Läden zukünftig als Showrooms fungieren. [129]

Ein weiterer Trend geht in Richtung sozialer Netzwerke. Die Zukunftsaussichten von Social Media, gerade durch die verstärkte Nutzung von mobilen Endgeräten wie Smartphones und Tablets, gehen für das Jahr 2018 von über zwei Milliarden Nutzern

---

[127] Vgl. Heinemann, 2013, S. 20.
[128] Vgl. ebd., S. 47f.
[129] Vgl. Ebay, 2002.

weltweit aus.[130] Diesbezüglich ergibt sich für stationäre Handelsunternehmen die Möglichkeit, über soziale Netzwerke wie Facebook oder Instagram, Werbung zu offerieren, jedoch nicht in Form von herkömmlichen Produktplatzierungen, wie unten dargestellt:

*Abbildung 48: Direkte Werbung über soziale Netzwerke*
*(Quelle: Eigene Darstellung)*

Die Abbildung (Screenshot vom 04.03.2016 über Instragram) zeigt eine direkte Marketingmaßnahme von der TUI GmbH in der Chronik des Nutzers. Hierbei wirbt das Unternehmen direkt über den Instagram-Account mit einer Reise, wobei Kinder schon ab 199€ mitfliegen können. Für die Onlineschaltung zahlte die TUI GmbH einen bestimmten Betrag. 470 Instagram - Usern gefiel das Angebot, sie markierten es mit „Gefällt mir"- einem Doppelklick auf das Bild. Diese Form der Produktplatzierung empfinden viele jedoch als störend, wie auch die Umfrage an der Jade Hochschule zeigte, bei der 20 der 38 Studierenden eben dieses angaben.

Zielgerichtete Produktplatzierungen können hingegen eine Vielzahl potenzieller Kunden erreichen, ohne dass die Werbung als störend empfunden wird, wie nachfolgendes Beispiel zeigt:

---

[130] Vgl. Statista, 2016b.

*Abbildung 49: Indirekte Werbung über soziale Netzwerke*
*(Quelle: Eigene Darstellung)*

Die Werbung erfolgt hier indirekt. Hierbei wurde ein Blogger, in diesem Beispiel Mariano Di Vaio aus Italien mit kostenlosen Produkten ausgestattet, die er wiederum als „Post" also als ein Foto in seinem Account veröffentlichte und mit seinen Followern teilt. Wie auf dem Bild zu erkennen, wurde auf dem jeweiligen Post, hier eine Omega-Uhr, die Marke bzw. der Instagram-Account der Marke verlinkt, worauf die potentiellen Kunden bei Gefallen des Produktes direkt zur Verkaufsplattform gelangen können. Im Gegensatz zu der direkten Marketingwerbung durch die TUI GmbH haben hier mehr als 72.000 Social Media Nutzer das Produkt mit einem „Gefällt mir" bewertet. Auf dem jeweiligen Account von Omega, wurden vergleichbare Posts als Beispiel jedoch nur mit rund 4.000 - 7.000 „Gefällt mir" bewertet.

Dieses Beispiel verdeutlicht, dass sich solche indirekten Marketingmaßnahmen der Unternehmen mittels Blogger in den sozialen Netzwerken als vielversprechend herausstellen auch im Vergleich zur Vermarktung über Stars wie Justin Timberlake, Rihanna oder andere, da sie zum einen kostengünstiger sind und zum anderen nicht als störend empfunden werden.

# 6. Fazit

Geprägt durch die Digitalisierung sowie die daran anknüpfende Entwicklung der Generationen hin zur Generation Z, die sinnbildlich die Generation Smartphone vertritt, stehen die stationären Handelsunternehmen unter Zugzwang. Aufgrund des geänderten Konsumentenverhaltens erwarten Kunden heutzutage eine kanalübergreifende Bereitstellung aller Produktinformationen und dies zeit- und ortsunabhängig, 24 Stunden am Tag. Mit ihren Bedürfnissen und den an den Handel gestellten Ansprüchen sind sie der entscheidender Treiber von Multichanneling.[131] Der stationäre Handel muss verstehen, dass sich die Konsumenten die neuesten Technologien zunutze machen, um ihr persönliches Einkaufserlebnis, den eigenen Wünschen und Bedürfnissen entsprechend, zu optimieren. Gerade das Smartphone spielt diesbezüglich eine entscheidende Rolle für stationäre Händler, da nicht nur die Zahl der Internet-Nutzer sondern auch die Anzahl der Smartphone-Nutzer kontinuierlich ansteigt. Das Smartphone stellt gerade für die heranwachsenden Käufergenerationen, die nahezu zu 100% online agieren, das wichtigste Zugangsgerät auf dem Weg ins mobile Internet dar.[132] Diese Generation löst damit den Unterschied zwischen dem mobilen und stationären Internet auf.[133] Gerade beim Kaufentscheidungsprozess, sowohl am Point of Sale, als auch am Point of Decision leistet das Smartphone einen wichtigen Beitrag für den Verbraucher, da es vermehrt zur mobilen Informationsrecherche eingesetzt wird.

Für die stationären Handelsunternehmen ist es daher unabdingbar, sich dem geänderten Konsumentenverhalten anzupassen, neue Trends frühzeitig zu erkennen und diese kontinuierlich in die eigenen Strategien und Angebote zu integrieren. Somit gilt es, die derzeitigen Absatzkanäle zusammenzuführen, um die jeweiligen Offline – und Online-Kanäle zu einem No-Line-System, als Zukunftskonzept des Shoppings, weiterzuentwickeln. Durch die Verschmelzung von Online- und Offline- Kanälen gewährleistet ein stationäres Handelsunternehmen eine einheitliche Markenwahrnehmung über alle Absatzkanäle hinweg und steigert die Effektivität der Kundenbearbeitung, die wiederum Synergie- und Effizienzpotentiale am Markt offenlegen.[134] Nichtsdestotrotz werden Konsumenten auch zukünftig im Geschäft vor Ort einkaufen, da sie die persönliche Beratung vor Ort, die lokale Unmittelbarkeit, als auch das „Touch&Feel"-Erlebnis nicht missen möchten, dessen ungeachtet jedoch vermehrt auf das Smartphone im Kaufentscheidungsprozess zurückgreifen.

---

[131] Vgl. Merx/Bachem, 2004, S. 86f.
[132] Vgl. Bitkom, 2014.
[133] Vgl. Heinemann, 2013, S. 23.
[134] Vgl. Merx/Bachem, 2004, S. 86f.

Daher sollte es das Ziel stationärer Handelsunternehmen sein, eine mobilgerechte Implementierung des eigenen Onlineshops auf dem Smartphone der Konsumenten zu realisieren, da eine Website gegenüber einer Applikation in der Regel system-unabhängig mit den unterschiedlichsten Betriebssystem funktioniert und auch die Konsumenten vermehrt, über ihren jeweiligen mobilen Web-Browser auf dem Smartphone nach Informationen und Shoppingmöglichkeiten suchen.135 Hierbei gilt es für stationäre Handelsunternehmen den Konsumenten auf seinem Weg zum letztendlichen Produkteinkauf mit dem Smartphone zu begleiten und in allen Phasen zu unterstützen. Daher sollte beispielsweise ein implementiertes und gelebtes „Mobile-Customer-Relationship-Management" keine Ausnahme, sondern die Regel im internen Geschäftsmodell darstellen.

Die stationären Handelsunternehmen sollten das Individuum fokussieren und nicht mehr, wie früher die breite Masse.136 An diesem Punkt bietet das Smartphone eine Vielzahl an Möglichkeiten und Instrumenten, den Erstkontakt einerseits herzustellen und andererseits über z.B. virale Marketingmaßnahmen, mobile Gutscheinkampagnen oder beispielsweise Bloggerdienste, Wiedereinkäufe zu generieren.

Alle diese Kontaktpunkte mittels Smartphone führen zum ökonomischen und nach-haltigen Erfolg des stationären Handelsunternehmens. So sollte die Digitalisierung nicht als Gefahr für stationäre Händler, sondern viel mehr als immense Chance verstanden werden, das eigene Geschäftsmodell weiterzuentwickeln, sich dadurch langfristig am Markt zu etablieren und die eigenen Absatz- und Kommunikationskanäle dem geänderten Konsumentenverhalten gewinnmaximierend anzupassen. Ent-scheidend für den stationären Handel ist es daher, die Beziehung zwischen dem Konsument und seinem Smartphone zu verstehen, um daraufhin die Ausrichtung der Online- und Offlinekanäle sinnvoll miteinander zu verknüpfen.

---

[135] Vgl. Heinemann, 2012, S. 48.
[136] Vgl. ebd., S. 59f.

# Quellenverzeichnis

ALDI (2016): Bargeldlos bezahlen,
  http://www.aldi-nord.de/aldi_bargeldlos_bezahlen_321.html
  (Abfrage am 22.01.2016).

BITKOM – Bundesverband Informationswirtschaft, Telekommunikation und neue
  Medien e. V. (2014): Studie „Jung und vernetzt: Kinder und Jugendliche in der
  digitalen Gesellschaft", Berlin 2014.

Bitkom (2014): Jung und vernetzt - Kinder und Jugendliche in der digitalen
  Gesellschaft,
  https://www.bitkom.org/Bitkom/Publikationen/Jung-und-vernetzt-Kinder-und-
  Jugendliche-in-der-digitalen-Gesellschaft.html
  (Stand: 18.12.2014, Abfrage am 10.01.2016).

Duden/Bibliographisches Institut (2016a): Ge-ne-ra-ti-on,
  http://www.duden.de/rechtschreibung/Generation, (Abfrage am 04.01.2016).

Duden/Bibliographisches Institut (2016b): WLAN,
  http://www.duden.de/rechtschreibung/WLAN, (Abfrage am 08.02.2916).

Duden/Bibliographisches Institut (2016c): GSM,
  http://www.duden.de/suchen/dudenonline/GSM, (Abfrage am 08.02.2916).

Ebay (2012): Studie Zukunft des Handels,
  http://www.zukunftdeshandels.de/erwartungen
  (Stand: 10/2014, Abfrage am 02.03.2016).

Egger, T. (2005): Mega-Trends bestimmen die Zukunft der Städte, in Newsletter Egger
  & Partner von Juli 2005, S. 20., Linz 2005.

Focus (2012): App oder mobile Webseite? – Schlauer surfen mit dem Smartphone,
  http://www.focus.de/digital/computer/internet-app-oder-mobile-webseite-
  schlauer-surfen-mit-dem-smartphone_aid_850213.html
  (Stand: 31.10.2012, Abfrage am 19.02.2016).

ForwardAdGroup (2016): Studie Mobile Effects 2016,
  http://www.forward-adgroup.de/marktforschung/digitalmarkt/info/mobile-effects-
  studie- 2016/ (Stand: 02/2016, Abfrage am 29.02.2016).

Fost, M. (2014): E-Commerce-Strategien für produzierende Unternehmen: Mit
  stationären Handelsstrukturen am Wachstum partizipieren, Wiesbaden 2014.

Gehrckens, M.; Boersma, T. (2013): Zukunftsvision Retail – Hat der Handel eine
  Daseinsberechtigung? - in Digitalisierung des Handels mit ePace von
  Heinemann, Wiesbaden 2013.

Gronau, N. (2016): Differenzierungen,
  http://wi.unipotsdam.de/hp.nsf/0/D65F9A5AF43A1F17C1256BCA0036BBF2/$FI
  LE/Differenzierung.pdf, (Abfrage am 05.02.2016).

Grösch, T. (2015): Der Handel im Wandel: Wie sich die Einkaufswelt verändert hat, https://www.locafox.de/blog/hybride-kunden-der-handel-im-wandel-wie-sich-die-einkaufswelt-veraendert-hat/ , (Stand: 01.10.2015, Abfrage am 15.01.2016).

Güttler, W. (2003): Die Adoption des Electronic Commerce im deutschen Einzelhandel, München 2003.

Handelsblatt (2016): Der Trend zum Einkaufen über QR-Codes explodiert, http://www.handelsblatt.com/unternehmen/handel-konsumgueter/shopping-per-handy-der-trend-zum-einkaufen-ueber-qr-codes-explodiert/5822118-2.html (Abfrage am 25.01.2016).

Hauke, C.; Ivanova, F. (2008): Vier Generationen - ein Projekt, in Personalmagazin (2008) Herausgabe Nr. 09, Freiburg 2008.

Heinemann, C. (2008): Multi-Channel-Handel: Erfolgsfaktoren und Best Practices, Wiesbaden 2008.

Heinemann, C. (2011): Cross-Channel-Management - Integrationserfordernisse im Multi-Channel-Handel, Wiesbaden 2011.

Heinemann, C. (2012): Der neue Mobile Commerce: Erfolgsfaktoren und Best Practices, Wiesbaden 2012.

Heinemann, C. (2013): No-Line-Handel: Höchste Evolutionsstufe im Multi-Channeling, Wiesbaden 2013.

Heinemann, C. (2015): Der neue Online-Handel Geschäftsmodell und Kanalexzellenz im Digital Commerce, Wiesbaden 2015.

Heinemann, G.; Gaiser, M. (2015): SoLoMo – Always-on im Handel: Die soziale, lokale und mobile Zukunft des Shopping, Wiesbaden 2015.

Himmelreich, A. (2013): Mobile Payment per QR-Code: Strohfeuer oder Wegbereiter? http://t3n.de/magazin/qr-code-payment-strohfeuer-wegbereiter-232701/ (Stand: 23.09.2013, Abfrage am 01.02.2016).

Holland, H.; Bammel, K. (2006): Mobile Marketing - Direkter Kundenkontakt über das Handy, München 2006.

Husemann, M. (2002): Geschäftsmodelle im E-Business, http://lgis.informatik.uni-kl.de/archiv/wwwdvs.informatik.uni-kl.de/courses/seminar/WS0102/ausarbeitung4.pdf (Stand: 20.01.2002, Abfrage am 19.01.2016).

Internet World Business (2014): Die Generationen, ihr Umfeld und ihre Vorlieben, in Internet World Business, Ausgabe 22, S. 9., (Stand: 27.10.2014, Abfrage am 05.03.2016).

Karl, C. (2015): Wie konsumiert die Generation Y? Empirische Untersuchung und konkrete Maßnahmen zur Kundengewinnung, Hamburg 2015.

Kilech, H. (2015): Global Digital Report – Digital, Social und Mobile im Jahr 2015, http://wearesocial.de/blog/2015/01/global-digital-report-2015/ (Stand: 21.01.2015, Abfrage am 08.01.2016).

Kirchhoff, S., Kuhnt, S., Lipp, P., Schlawin, S. (2003): Der Fragebogen - Datenbasis, Konstruktion und Auswertung, Wiesbaden 2006.

Knauß, F. (2014): Smartphone statt Freundschaft - Die eingerollte Generation, http://www.wiwo.de/erfolg/trends/smartphone-statt-freundschaft-die-eingerollte-generation/9880500.html, (Stand: 13.05.2014, Abfrage am 28.12.2015).

Kock, S. (2010): Chancen und Risiken von Brick&Click: Multi-Channel-Marketing im Bekleidungseinzelhandel, Hamburg 2010.

Kolbrück, O. (2015): Beacon: Douglas findet die Leuchtfeuer dufte, http://etailment.de/thema/technologie/Beacon-douglas-2986# (Stand: 13.01.2015, Abfrage am 03.02.2016).

Krum, C. (2012): Mobile Marketing: Erreichen Sie Ihre Zielgruppe (fast) überall, München 2012.

Küllenberg, B.; Quente, C. (2006): Brand´s New Toy - Kreative Markenkommunikation mit Handy & Co., Landsberg am Lech 2006.

MacMillan, D. (2015): Mobile Search Tops at Google http://blogs.wsj.com/digits/2015/10/08/google-says-mobile-searches-surpass-those-on-pcs/ , (Stand: 08.10.2015, Abfrage am 02.02.2016).

Mangelsdorf, M. (2015): Von Babyboomer bis Generation Z: Der richtige Umgang mit unterschiedlichen Generationen im Unternehmen, Offenbach 2015.

Marketing-Boerse (2012): Push und Pull (Online) Marketing http://www.marketing-boerse.de/Fachartikel/details/1245-Push-und-Pull-Online-Marketing/39064, (Stand: 05.11.2012, Abfrage am 28.02.2016).

Menzel, B. (2014): Erste Banken ermöglichen Onlinebanking per Fingerabdruck https://www.check24.de/girokonto/news/onlinebanking-fingerabdruck-57715/ (Stand: 01.12.2014, Abfrage am 17.02.2016).

Merx, O.; Bachem, C. (2004): Multichannel-Marketing-Handbuch, Berlin, Heidelberg 2004.

Opuchlik, A. (2005): E-Commerce-Strategie: Entwicklung und Einführung, Norderstedt 2005.

Parment, A. (2009): Die Generation Y - Mitarbeiter der Zukunft: Herausforderung und Erfolgsfaktor für das Personalmanagement, Wiesbaden 2009.

Raab-Steiner, E., Benesch, M. (2012): Der Fragebogen - Von der Forschungsidee zur SPSS-Auswertung, Wien. 2012.

Rieder, P. (2014): Die Generation Z kommt!, http://www.arbeitswelten.at/demografie/die-generation-z-kommt/ (Stand: 21.02.2014, Abfrage am: 04.01.2016).

Ryanair (2016): Gepäck, https://www.ryanair.com/de/de/nutzliche-infos/service-center/haufige-fragen/-Gepack, (Abfrage am 20.01.2016).

Schneider, B. (2012): Im adidas NEO Store in Nürnberg wird die Schaufensterpuppe zum digitalen Leben erweckt, http://www.best-practice business.de/blog/innovation/2012/10/11/im-adidas-neo-store-in-nurnberg-wird-die-schaufensterpuppe-zum-digitalen-leben-erweckt/ (Stand: 11.10.2012, Abfrage am 17.02.2016).

Scholz, C. (2012): Generation Z: Willkommen in der Arbeitswelt, http://derstandard.at/1325485714613/Future-Work-Generation-Z-Willkommen-in-der- Arbeitswelt, (Stand: 06.01.2012, Abfrage am 06.01.2016).

Scholz, C. (2015): Generation Z: Ein ungeplantes Kind wird erwachsen, http://www.huffingtonpost.de/christian-scholz/generation-z-arbeitsmarkt-digital-natives_b_7966402.html, (Stand: 11.08.2015, Abfrage am 04.01.2016).

Scholz, H. (2015): Social goes Mobile: Kunden gezielt erreichen, Hamburg 2015.

Schuldt, R. (2014): Shopkick: Prämien-App im Praxis-Test http://www.computerbild.de/artikel/cb-Tests-App-Check-Shopkick-Praemien-App-im-Praxis-Test-11178308.html, (Stand: 01.12.2014, Abfrage am 13.01.2016).

Sellerconnect (2014): Die meistverkauften Produkte via Smartphone http://www.sellerconnect.de/news/news,322,Die-meistverkauften-Produkte-via-Smartphone.htm, (Stand: 23.04.2014, Abfrage am 05.03.2016).

Seyffert, R. (1972): Wirtschaftslehre des Handels, Köln/Opladen 1951.

Staatssekretariat für Wirtschaft SECO (2015): Verschiedene Arten von E-Commerce: B2C, B2B, C2C, https://www.kmu.admin.ch/kmu/de/home/praktisches-wissen/kmu-betreiben/e-commerce/arten-von-e-commerce.html?lang=de (Stand: 13.10.2015, Abfrage am 18.01.2016).

Statistisches Bundesamt (2016): Bevölkerungs-Entwicklung, https://www.destatis.de/DE/ZahlenFakten/GesellschaftStaat/Bevoelkerung/Bevoelkerung.html (Abfrage am 12.01.2016).

Statista (2015a): Anzahl der Internetnutzer weltweit von 1997 bis 2014 (in Millionen), http://de.statista.com/statistik/daten/studie/186370/umfrage/anzahl-der-internetnutzer-weltweit-zeitreihe/, (Abfrage am 29.12.2015).

Statista (2015b): Wie viele Apps haben Sie auf Ihrem Smartphone installiert? http://de.statista.com/statistik/daten/studie/162374/umfrage/durchschnittliche-anzahl-von-apps-auf-dem-handy-in-deutschland/, Abfrage am 28.02.2016).

Statista (2016): Marktdaten zu E-Commerce & Versandhandel (B2B), http://de.statista.com/statistik/kategorien/kategorie/10/themen/81/branche/b2b-e-commerce/, (Abfrage am 23.01.2016).

Statista (2016): Prognose zum Anteil der Smartphone-Nutzer in Deutschland von 2012 bis 2018 http://de.statista.com/statistik/daten/studie/321935/umfrage/prognose-zum-anteil-der-smartphone-nutzer-in-deutschland/, (Abfrage am 12.02.2016).

Statista (2016a): Prognose zum Absatz von Smartphones weltweit von 2010 bis 2019 (in Millionen Stück) http://de.statista.com/statistik/daten/studie/12865/umfrage/prognose-zum-absatz-von-smartphones-weltweit/. (Abfrage am 02.02.2016).

Statista (2016b): Anzahl der Nutzer sozialer Netzwerke weltweit in den Jahren 2010 bis 2013 sowie eine Prognose bis 2018 (in Milliarden) http://de.statista.com/statistik/daten/studie/219903/umfrage/prognose-zur-anzahl-der-weltweiten-nutzer-sozialer-netzwerke/; (Abfrage am 04.03.2016).

Statista (2016c): Statistiken zum Thema E-Commerce in Deutschland, http://de.statista.com/themen/247/e-commerce/, (Abfrage am 14.02.2016).

Tachilzik, T., Ayala, A. (2014): Den digitalen Wandel nutzen und die Customer Journey effektiv gestalten, http://www.marke41.de/sites/default/files/media/autoren-pdf/digitalen-wandel-nutzen.pdf, (Stand: 02/2014, Abfrage am 15.02.2016).

Toller, A. (2014): Sicherheit im Online-Banking - Deutsche wünschen sich Fingerabdruck-Scanner http://www.wiwo.de/finanzen/geldanlage/sicherheit-im-online-banking-deutsche-wuenschen-sich-fingerabdruck-scanner/10938384.html (Stand: 05.11.2014, Abfrage am 17.02.2016).

Von Schnakenburg, D. (2011): Multi Channel Marketing - Konfliktmanagement in Marketingorganisationen von Konsumgüterherstellern, Berlin 2011.

WeAreSocial (2015): Global Digital Report http://wearesocial.com/uk/special-reports/digital-social-mobile-worldwide-2015 (Stand: 21.01.2015, Abfrage am 14.02.2016).

Weis, F. (2015): B2C – Geschäftsbeziehung zwischen Unternehmen und Konsumenten, http://www.business-on.de/definition-b2c-geschaeftsbeziehung-zwischen-unternehmen-und-konsumenten-_id38791.html (Stand: 26.08.2015, Abfrage am 14.02.2016).

Wels, K. (2014): Generation Smartphone – wie die Zielgruppe von morgen das Publishing verändert, http://www.buchreport.de/blog.htm?p=3787, (Stand: 17.07.2014, Abfrage am 28.12.2015).

Wikia (2016): Push-Pull-Kommunikation Marketing http://de.marketing.wikia.com/wiki/Datei:Push-Pull-Kommunikation_Marketing.png (Abfrage am 28.02.2016).

Wirtz, B. (2007): Multi-Channel-Marketing: Grundlagen - Instrumente - Prozesse, Wiesbaden 2007.

# Anhang

Anhang 1: Abbildungsverzeichnis Anhang

Anhang 2: Fragebogen

Anhang 3: Funktionen des stationären Handels

Anhang 4: Grundlagen von E-Commerce

Anhang 5: Erscheinungsformen des E-Commerce

Anhang 4: Customer-Buying-Cycle (CBC)

Anhang 6: Weitere Diagramme und Grafiken der Auswertung

## Abbildungsverzeichnis Anhang

# Fragebogen

## Die Generation Smartphone - Eine Chance für den stationären Handel?

Liebe Studierende,

die Generation Smartphone - Eine Chance für den stationären Handel?

Dieser Frage möchte ich in meiner Bachelorarbeit nachgehen, die ich aktuell an der Jade Hochschule in Wilhelmshaven im Fachbereich Wirtschaft schreibe.

Ziel ist es, die Chancen und Risiken für den stationären Handel in Bezug auf Mobile Commerce und dem Online-Einkaufsverhalten via Smartphone zu evaluieren und damit Handlungsempfehlungen für eben diesen abzuleiten.

Bitte unterstützt mich bei meiner Recherche und nehmt Euch rund 10 Minuten Zeit für den Fragebogen. Mich interessieren dabei insbesondere Eure allgemeine Smartphone-Nutzung und Euer Online-Einkaufsverhalten via Smartphone sowie Eure persönliche Einschätzung zum Thema. Es gibt natürlich keine falschen oder richtigen Antworten. Eure Angaben werden anonymisiert weiterverarbeitet, es entsteht kein Rückschluss auf die Person des Verfassers oder deren Verhalten beim Onlinekauf sowie der Smartphone-Nutzung.

Der Fragebogen dient lediglich wissenschaftlichen Zwecken und ist vollkommen freiwillig.

Vielen Dank für Eure Unterstützung!

Milan Freudenberg

# Umfrage zur Smartphone-Nutzung

**1. Du bist...?**

Männlich ☐          Weiblich ☐

**2. Wie alt bist du?**

Unter 18 ☐          18 - 21 Jahre ☐          22 - 25 Jahre ☐

26 - 29 Jahre ☐          30 - 33 Jahre ☐          34 Jahre und älter ☐

**3. Du befindest dich im?**

Bachelor ☐          Master ☐          Diplom ☐

**4. Besitzt du ein Mobiltelefon?**

Ja ☐          Nein ☐

**5. Ist dein Mobiltelefon auch gleichzeitig ein Smartphone? (Smartphone beinhaltet Apps)**

Ja ☐          Nein ☐          Weiß nicht ☐

**6. Welches Betriebssystem verwendest du auf deinem Smartphone?**

Android ☐          iOS ☐          Windows Phone ☐          Ein Anderes ☐

Weiß nicht ☐

**7. Wie viele Stunden verbringst du täglich ca. mit deinem Smartphone?**

Weniger als 1 Stunde ☐          Zwischen 1 - 2 Stunden ☐

Zwischen 2 - 3 Stunden ☐          mehr als 3 Stunden ☐

**8. Nutzt du Apps/Applikationen auf deinem Smartphone?**

Ja ☐          Nein ☐          Manchmal ☐          Weiß nicht ☐

**9. Wie viele Apps besitzt du auf deinem Smartphone, du dir selber runtergeladen hast und nicht vorinstalliert waren?**

Bis zu 5 Apps ☐    Zwischen 10 - 15 Apps ☐

Zwischen 5 - 10 Apps ☐    Zwischen 15 - 20 Apps ☐    mehr als 20 Apps ☐


**10. Welche Funktionen nutzt du mit deinem Smartphone?** Mehrfachnennung möglich

Shopping ☐    Im Internet surfen ☐    Soziale Netzwerke ☐

Musik hören ☐    Spiele spielen ☐    Nachrichten versenden ☐

E-Books lesen ☐    Telefonieren ☐    Fotos machen ☐

E-Mails checken ☐    Videos drehen ☐    Zeitung lesen ☐

GPS- Funktion ☐    Termine planen ☐    Das Wetter checken ☐

Andere ☐


**11. Hast du schon einmal mit deinem Smartphone online eingekauft?**

Ja, des Öfteren schon ☐    Ja, ich habe es schon einmal ausprobiert ☐

Nein, noch nie ☐
(Weiter mit Frage 13)


**12. Welchen Weg ins mobile Internet hast du dabei mit deinem Smartphone gewählt?**

Über den mobilen Web-Browser (Safari oder Google Chrome) ☐    Über eine App ☐

Über beide Funktionen ☐


**13. Was genau hast du dabei online mit deinem Smartphone eingekauft?**
**Mehrfachnennung möglich**

Bekleidung ☐    Gutscheine ☐    Möbel ☐    Reisen ☐

Elektronik ☐    Sportartikel ☐    Kosmetik ☐    Werkzeuge ☐

Lebensmittel ☐    Haushaltsmittel ☐    Spielzeug ☐    Unterhaltungselektronik ☐

Dekoartikel ☐    Schreibwaren ☐    Bücher ☐    Medikamente ☐

Tiernahrung ☐    Floristik ☐    Andere ☐

Andere: _____

_____

**14. Was ist dir besonders wichtig, wenn du mit deinem Smartphone einkaufst?**
Mehrfachnennung möglich

Einfache Handhabung ☐     Sicherheit beim Bezahlen ☐

Keine langen Ladezeiten ☐     Produkte müssen leicht zu finden sein ☐

Keine toten Links ☐     Übersichtliche Gestaltung der Website ☐

Andere ☐     Keine aufpoppende Werbung ☐

Mir ist wichtig, dass _____

_____

_____

**15. Was spricht deiner Meinung nach gegen Online-Shopping mittels Smartphone bzw. welche Bedenken hättest du dabei?** Mehrfachnennung möglich

Ich möchte das Produkt sehen und anfassen, bevor ich es kaufe ☐

Ich bevorzuge eine persönliche Beratung vor Ort ☐

Bestellungen im Internet sind mir zu kompliziert ☐

Ich habe Angst vor Datenmissbrauch ☐

Service & Garantieabwicklung sind mir online zu unsicher ☐

Ich habe die Sorge, dass meine Ware nicht ankommt ☐

Online bezahlen sehe ich kritisch ☐

Zu lange Lieferzeiten vermiesen mir das Online-Shopping ☐

Mir fehlt das Shopping-Feeling vor Ort ☐

Die Versandkosten sind mir zu teuer ☐

Ich besitze leider keine Kredit-/ Debitkarte ☐

Andere ☐

Meiner Meinung nach spricht nichts gegen Online-Shopping ☐

**16. Holst du dir Produktinformationen über dein Smartphone ein, bevor du einen Einkauf tätigst?**

Ja, immer ☐     Manchmal ☐     Nein, Ich lasse mich lieber vor Ort beraten ☐

**17. Über was genau hast du dich dabei mit deinem Smartphone schon informiert?**
Mehrfachnennung möglich

Lieferbedingungen ☐ Produktbewertungen ☐ Service ☐

Produktinformationen ☐ Produktversicherungen ☐ Preise ☐

Versandmöglichkeiten ☐ Verfügbarkeit der Produkte ☐ Garantie ☐

Zahlungsmethoden ☐ Andere ☐

Wenn Andere, dann _____

_____

_____

**18. Was spricht deiner Meinung nach gegen eine Informationssuche über Produkte und Preise mittels Smartphone?** Mehrfachnennung möglich

Eine schlechte Website-Darstellung auf dem Smartphone ☐

Nutzung des mobilen Internets ist zu teuer ☐

Mein mobiles Internet ist zu langsam ☐

Ich möchte mein Datenvolumen nicht unnötig verbrauchen ☐

Die Informationssuche ist mir zu umständlich mit dem Smartphone ☐

Es spricht nichts gegen eine Informationssuche mittels Smartphone ☐

Deiner Meinung nach spricht dagegen, dass:

_____

_____

_____

**19. Hast du dir schon einmal Produktbewertungen von anderen Nutzern auf deinem Smartphone durchgelesen, bevor du einen Artikel gekauft hast?**

Ja, mache ich immer ☐          Ab und zu ☐          Nein, noch nie ☐

**20. Hat dich eine negative Produktbewertung schon einmal von einem Onlinekauf abgehalten?**

Ja, schon des Öfteren ☐          Ja, das kam schon einmal vor ☐

Nein, noch nie ☐          Ich lese keine Produktbewertungen online ☐

**21. Hast du selber schon einmal eine Bewertung mit deinem Smartphone über ein Produkt/Dienstleistung geschrieben und diese daraufhin online gestellt?**

Ja ☐          Nein ☐          Weiß nicht ☐

**22. Hast du schon einmal ein Produkt via Smartphone gekauft, welches du zuvor in den sozialen Netzwerken gesehen hattest?**

Ja, schon des Öfteren ☐          Ja, einmal ☐          Nein, noch nie ☐

Ich nutze keine sozialen Netzwerke ☐

**23. Welche der folgenden sozialen Netzwerke nutzt du mit deinem Smartphone?**
Mehrfachnennung möglich

Facebook ☐          Instagram ☐          Twitter ☐     Google + ☐     Tumblr ☐

vk.com ☐          LinkedIn ☐          Xing ☐          Pinterest ☐          Reddit ☐

LOVOO ☐          Deviantart ☐          Tinder ☐          Badoo ☐          Andere ☐

**24. Wie viel Zeit verbringst du durchschnittlich mit den oben genannten sozialen Netzwerken?** Kreuze dabei nur die sozialen Netzwerke an, die du auch nutzt

| Name | Weniger als 10 Minuten | 10 - 20 Min. | 20 - 40 Min. | 40 - 60 Min. | 1 bis 1,5 Std. | 1,5 - 2 Std. | 2- 2,5 Std. | > 3 Std. |
|---|---|---|---|---|---|---|---|---|
| Facebook | ☐ | ☐ | ☐ | ☐ | ☐ | ☐ | ☐ | ☐ |
| Instagram | ☐ | ☐ | ☐ | ☐ | ☐ | ☐ | ☐ | ☐ |
| Twitter | ☐ | ☐ | ☐ | ☐ | ☐ | ☐ | ☐ | ☐ |
| Google + | ☐ | ☐ | ☐ | ☐ | ☐ | ☐ | ☐ | ☐ |
| Tumblr | ☐ | ☐ | ☐ | ☐ | ☐ | ☐ | ☐ | ☐ |
| vk.com | ☐ | ☐ | ☐ | ☐ | ☐ | ☐ | ☐ | ☐ |
| LinkedIn | ☐ | ☐ | ☐ | ☐ | ☐ | ☐ | ☐ | ☐ |
| Xing | ☐ | ☐ | ☐ | ☐ | ☐ | ☐ | ☐ | ☐ |
| Pinterest | ☐ | ☐ | ☐ | ☐ | ☐ | ☐ | ☐ | ☐ |
| Reddit | ☐ | ☐ | ☐ | ☐ | ☐ | ☐ | ☐ | ☐ |
| LOVOO | ☐ | ☐ | ☐ | ☐ | ☐ | ☐ | ☐ | ☐ |
| Deviantart | ☐ | ☐ | ☐ | ☐ | ☐ | ☐ | ☐ | ☐ |
| Tinder | ☐ | ☐ | ☐ | ☐ | ☐ | ☐ | ☐ | ☐ |

| Badoo | ☐ | ☐ | ☐ | ☐ | ☐ | ☐ | ☐ | ☐ |
| Weitere | ☐ | ☐ | ☐ | ☐ | ☐ | ☐ | ☐ | ☐ |

**25. Wie empfindest du die Werbung über Produkte in den sozialen Netzwerken?**

Ich finde die Werbung gut ☐

Ich habe die Werbung bislang noch nicht gesehen ☐

Mich stört die Werbung ☐

Mir ist die Werbung egal ☐

**27. Was hältst du abschließend vom Zukunftskonzept „Bezahlen mit dem Smartphone"?**

Eine tolle Idee ☐     Möchte ich gerne mal ausprobieren ☐     Sehe ich kritisch ☐

Bezahlen mit dem Smartphone lehne ich generell ab ☐

Bitte begründe deine Einschätzung: _____

_____

_____

_____

_____

# Vielen Dank für deine Hilfe!

-----------------------------------------------------------------------

# Funktionen des stationären Handels

**Überbrückungsfunktionen:**

- Raumüberbrückungsfunktion
- Lagerfunktion
- Vordispositionsfunktion
- Preisausgleichsfunktion
- Kreditfunktion

**Warenfunktionen:**

- Quantitätsfunktion
- Qualitätsfunktion
- Sortimentsfunktion

**Funktionen des Makleramtes**

- Markterschließungsfunktion
- Interessenwahrungs- und Beratungsfunktion

*In Anlehnung an Seyffert, Wirtschaftslehre des Handels, 1972, S. 9f.*

# Grundlagen von E-Commerce

Der Begriff E-Commerce klassifiziert sich in vier Kategorien:[137]

1. die unterstützten Phasen einer Handelsaktion
2. die beteiligten Geschäftspartner
3. das umgesetzte Handelsvolumen/der Handelsgegenstand
4. die Anwendungsnähe der eingesetzten Technologie

Die unterstützenden Phasen lassen sich wie folgt kategorisieren: In der Informations-phase inserieren Hersteller ihre Produkte und Dienstleistungen, der Kunde wiederum beobachtet lediglich den Markt. Anschließend findet eine Verhandlungsphase statt, wobei der Kunde und Hersteller über ein entsprechendes Produkt oder Dienst-leistungen eine Einigung erzielen. Abschließend tritt die Abwicklungsphase in Kraft, bei

---

[137] Vgl. Husemann, 2002, S. 3f.

der ein Vertragsabschluss mittels Zahlung des vereinbarten Kaufpreises einerseits und andererseits die Auslieferung der Ware zustande kommen.

Die beteiligten Geschäftspartner werden hierbei auch in **drei** Kategorien gegliedert:

1. Consumer (Verbraucher)
2. Business (Unternehmen)
3. Administration (Öffentliches Institut)

Zwischen den unterschiedlichen Gruppen der Geschäftspartner wird beliebig Handel in Form eines Austausches von Handelsgegenständen über z.B. das Internet (eingesetzte Technologien) betrieben und dieser Handel lässt sich in neun Erscheinungsformen des E-Commerce aufteilen, wobei auf vier Varianten nachfolgend kurz eingegangen werden soll. [138]

## Erscheinungsformen des E-Commerce

Der Onlinehandel im E-Commerce kann in verschiedenen Formen seine Anwendung finden und folgende Abbildung stellt diese unterschiedlichen Formen kurz dar. Anschließend sollen einige selbst ausgewählte Erscheinungsformen im E-Commerce kurz erläutert werden.

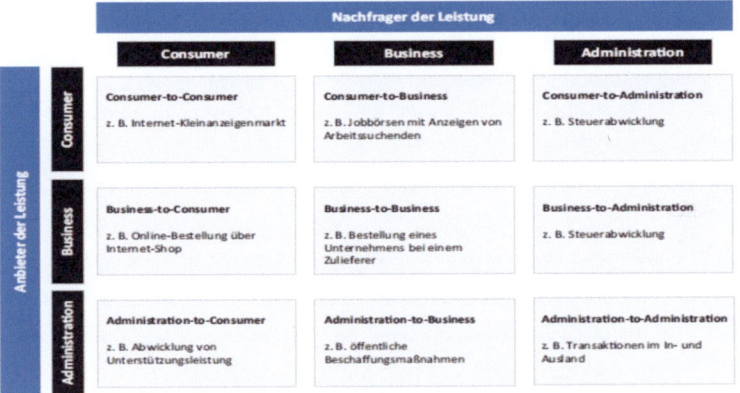

*Abbildung 1: Wesentliche Akteure des E-Commerce*
*(Quelle: Fost, 2014, S. 17.)*

---

[138] Vgl. ebd., S. 3f.

**B2B (Business to Business):** Dieser Form des E-Commerce beinhaltet größtenteils den Online- und Versandhandel im Firmenkundengeschäft.[139] Typische Produkte, die dabei abgesetzt werden, stellen Verpackungsmaterialien, Büromaterialien oder dergleichen dar. Dabei findet ein Austausch zwischen zwei Unternehmen, Business to Business, über elektronische Wege im Internet statt.

Dieser B2B-Onlinehandel lässt sich in vier verschiedene Kategorien aufspalten:[140]

- **Extranets** - Hersteller bauen Extranets in Form von bspw. Supply Chains/ Lieferantenketten auf.
- **Offener Markt** - Verkauf von standardisierten Produkten wie etwa Büromaterial, welches nur ein sehr geringes Einkaufs- und Verkaufsvolumen betrifft.
- **Arbeitsmarkt** - Darunter versteht man den Markt für Arbeitskräfte, die Bearbeitung von offenen Stellen mittels des Personalmanagements im Unternehmen.
- **Virtuelle Pendler** - Verrichtung der Arbeit von Zuhause aus, auch Home-Office genannt. Diese Form findet ihre Anwendung vor allem im Vertrieb eines Unternehmens.

Im Jahre 2014 wurden allein in Deutschland rund 37 Milliarden Euro umgesetzt und für das Jahr 2015 wird sich der Umsatz im B2B-Handel auf schätzungsweise 42 Milliarden Euro belaufen.[141] Somit stellt Deutschland, gemessen an der Marktgröße und dem Innovationspotenzial, eines der attraktivsten E-Commerce Märkte weltweit dar.[142]

Eine weitere Form stellt der **C2C-Handel** dar, also **Consumer to Consumer**, wobei Produkte zwischen Privatpersonen über einen elektronischen Geschäftsverkehr vertrieben werden. Eine der bekanntesten Online-Plattformen ist „Ebay", auf der Privatpersonen persönliche Gegenstände oder Dienstleistungen zum Verkauf anbieten.[143] Ebay selbst stellt hierbei lediglich die Benutzeroberfläche und das System für den Warenaustausch zur Verfügung. Finanziell lässt sich das Unternehmen eine Art „Provision" des endgültigen Verkaufspreises bei den jeweiligen Verkaufsabschlüssen zwischen Privatpersonen ausweisen. Diese kann z.B. prozentual 1-2% des jeweiligen Verkaufspreises betragen. Des Weiteren finanziert sich Ebay in Form von Werbung, wobei der Verkäufer die Möglichkeit hat sein Produkt gegen eine Gebühr optisch hervorzuheben.

---

[139] Vgl. Statista, 2016c.
[140] Vgl. Gronau, 2016
[141] Vgl. Statista, 2016c.
[142] Vgl. ebd., 2016.
[143] Vgl. Staatssekretariat für Wirtschaft SECO, 2015.

Beispielsweise kann dies ein Produkt sein, dass nach erfolgreichem Inserieren 24 Stunden lang als erstes Produkt in der Suchleiste angezeigt wird und sich aufgrund dessen die Verkaufschancen des Verkäufers gegenüber anderen Mitbewerbern der Onlineplattform verbessern.

Die wohl bekannteste Erscheinungsform von E-Commerce stellt der **B2C-Handel**, also **Business to Consumer**, dar. Unter B2C versteht man das klassische Onlinegeschäft zwischen Unternehmen und potentiellen Kunden welches über einen elektronischen Geschäftsverkehr geführt wird.

Dabei dient ein Webshop als unterstützendes Vertriebskanalsystem, kann aber auch den einzigen Absatzkanal darstellen. Im Wesentlichen umfasst dieser Bereich:[144]

- Den elektronische Vertrieb z.b. Amazon oder Zalando
- Online Marketing
- Kundenbetreuung z.b. der Einsatz von Callcentern über die Vodafone Kabel Deutschland GmbH

In dieser klassischen Form von E-Commerce werden die Kaufentscheidungsprozesse spontan und eher kurzfristig getätigt, der Konsument wird durch Emotionen zum Kauf geleitet.[145] Die Produkte und die Art der Vermarktung beziehen sich auf die breite Masse an Kunden, damit möglichst viel zu niedrige Vermarktungskosten bzw. Investitionskosten abgesetzt werden können.

Ziel beim B2C ist es, neben dem klassischen stationären Geschäft den Kundenkreis mittels Onlineverkauf zu vergrößern und als Unternehmen sowohl online als auch offline wahrgenommen zu werden.[146]

Die letzte Form des E-Commerce, die hier beschrieben werden soll, findet sich im **B2A**, also **Business to Administration**, wieder. Hier findet eine Kommunikations-beziehung zwischen einem Unternehmen und einer öffentlichen Institution statt.[147] Öffentliche Institutionen spiegeln hierbei z.B. Behörden in Form eines Finanzamtes oder Stadtverwaltung wider, die Aufträge durch übliche Ausschreibungsverfahren vergeben. Auf diese Ausschreibungen bewerben sich die Unternehmen über das elektronische Netzwerk in Form von Angeboten z.B. für die Erstellung einer neuen Straße.

Diese Angebote der Unternehmen laufen über ein standardisiertes Dokument, welches später maschinell mittels einer Software ausgelesen wird. Da diese Form der

---

[144] Vgl. Staatssekretariat für Wirtschaft SECO, 2015.
[145] Vgl. Weis, 2015.
[146] Vgl. Staatssekretariat für Wirtschaft SECO, 2015.
[147] Vgl. hierzu und im folgenden Husemann, 2002, S. 3f.

Kommunikationsbeziehung zwischen einem Unternehmen und einer öffentlichen Institution sich noch als relativ komplex darstellt, finden meistens lediglich eine erste Informations- und Verhandlungsphase elektronisch statt, jedoch nicht der letztendliche Auftrag.

Die Weiteren Erscheinungsformen im E-Commerce sind abschließend:

**C2B - Consumer to Business** ⇨ z.B. Jobbörsen mit Anzeigen von Arbeitssuchenden

**C2A - Consumer to Administration** ⇨ z.B. die Steuerabwicklung der Einkommenssteuer

**A2C - Administration to Consumer** ⇨ z.B. die Abwicklung von Unterstützungsmaßnahmen (hierbei etwa Arbeitslosengeld II)

**A2B - Administration to Business** ⇨ z.B. öffentliche Beschaffungsmaßnahmen

**A2A - Administration to Administration** ⇨ z.B. Transaktionen im In- und Ausland

All diese Erscheinungsformen im E-Commerce bieten dem Konsumenten, dem Unternehmen, aber auch öffentlichen Institutionen eine Möglichkeit, ihre Produkte und Dienstleistungen auf den unterschiedlichsten Absatzkanälen zu verkaufen.

## Customer-Buying-Cycle (CBC)

Die Steigerung der Kundenzufriedenheit steht im direkten Zusammenhang mit der Kundenbindung, daher sollten durch interaktive Dialoge und der richtigen Einordnung von Kundenbedürfnissen die Beziehung zum Konsumenten gefördert und Wechsel-barrieren aufgebaut werden.[148] Durch die richtige Einordnung der Kundenpotenziale können gezielt Marketingmaßnahmen anhand der Wertigkeit des jeweiligen Kunden angepasst und durchgeführt werden, denn mit jedem Jahr, indem das Unternehmen und der Endverbraucher eine Geschäftsbeziehung miteinander führen, wird dieser wichtiger für das operative Geschäft.[149] Somit nimmt im Bereich der Kundenbindung der sogenannte „Customer-Buying-Cycle" eine wichtige Rolle ein, um die Beziehung zum Kunden einerseits zu fördern und anderseits verändern zu können.

Dieser „Customer-Buying –Cycle" (CBC) besteht aus **vier** wesentlichen Faktoren wie Anregung, Evaluation, Kauf und dem After-Sales. In jeder Phase des CBC-Modells wird überprüft, wie die Zusammenarbeit mit dem Kunden optimiert werden kann, um

---

[148] Vgl. Holland/Bammel, 2006, S. 112
[149] Vgl. Heinemann, der neue Online-Handel, 2009-2005, S. 81

den Konsumenten langfristig zufrieden zu stellen. Die **Anregung** des Konsumenten spiegelt die erste Phase des CBC-Modells wider, indem das Unternehmen versucht durch Werbemaßnahmen das Bedürfnis zum Produkteinkauf beim Konsumenten zu wecken. Diese Werbemaßnahmen könnten, wie bereits zuvor beschrieben, in Form von mobilen Newslettern oder Pop-ups über das Smartphone eingesetzt werden, um den potentiellen Kunden auf das Produkt aufmerksam zu machen. Wurde das Interesse des potentiellen Kunden erst einmal geweckt, fordern diese weitere Informationen über die geworbenen Produkte des Unternehmens ein.[150] Daraufhin muss das Unternehmen den jeweiligen Kunden einerseits anhand seines Potentials, aber auch an seinen gestellten Bedürfnissen entsprechend beraten und durch bspw. kleine Produktproben unterstützend auf seine letztendliche Kaufentscheidung positiv einwirken. Die zweite Phase des CBC-Modells, die **Evaluation**, ist beendet, wenn der Konsument ein figuratives Angebot seitens des Unternehmens erhält.

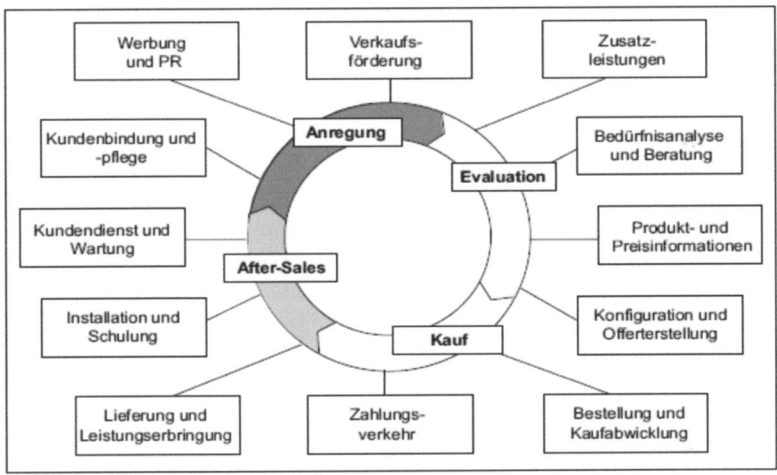

*Abbildung 2: Customer Buying Cycle*
*(Quelle: Güttler, 2003, S. 26)*

Die dritte Phase des CBC-Modells bildet der **Produkteinkauf**. Zur Kaufentscheidung gelangt der potentielle Kunde, wenn ihm die vorherigen Prozesse in Form von Werbung, Beratung und das entsprechende Angebot am Ende der zweiten Phase gefallen hat und seine Entscheidung pro Produktangebot gefallen ist. Diese Phase des CBC-Modells umfasst den gesamten Bestell- und Kaufvorgang, sowie die abschließende Lieferung des Produktes. Die **After Sales Phase** stellt die letzte Phase dar und schließt den Kreis des Customer Buying Cycle im Online Handel. Diese Zeitspanne umfasst dabei die anknüpfende Produktnutzung, bis hin zur Produkt-

---

[150] Vgl. Güttler, 2003, S. 24ff.

entsorgung. Hierbei spielen vor allem Anreizsysteme zum erneuten Anschlusskauf eine wichtige Rolle, die z.B. durch Schulungen oder Instandhaltung gefördert werden. Ist der Kunde mit dem Kaufentscheidungsprozess zufrieden, so wird er mögliche Phasen des CBC-Modells zukünftig vereinzelnd überspringen und z.B. ohne vorherige Produktanregungen seitens des Anbieters erhalten zu haben, direkt zur Kaufphase übergehen und Wiederholungskäufe tätigen.

Dagegen könnte auch das CBC-Modell im Kaufentscheidungsprozess des Kunden durch etwa günstigere Konkurrenzprodukte unterbrochen werden und daher sollte es das Ziel jeden Onlineanbieters sein, diesem Unterbrechungszyklus entgegen-zuwirken.[151] Die praktische Anwendbarkeit des Modells im Onlinehandel hängt dabei stark von den angebotenen Produkten und Dienstleistungen ab. Es können jedoch auch nur einzelne Phasen des CBC-Modells im Onlinehandel des stationären Handelsunternehmen integriert werden, wie z.B. die After Sales Phase in Form von Retention-Marketing, wobei die Beziehung zum Kunden besonders gepflegt wird, um ihn letztendlich zum Wiederholungskauf zu animieren.[152]

---

[151] Vgl. hierzu und im folgenden Heinemann, 2015, S. 82f.
[152] Vgl. Heinemann, 2015, S. 82f.

# Weitere Diagramme und Grafiken der Umfrage

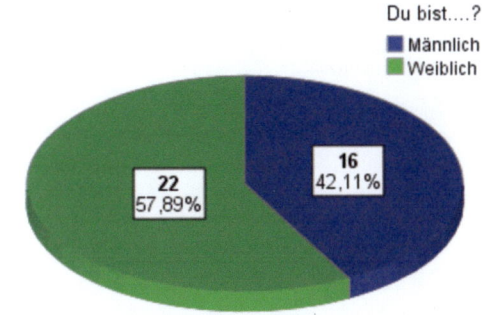

Abbildung 3: Aufteilung nach Geschlecht
(Eigene Darstellung)

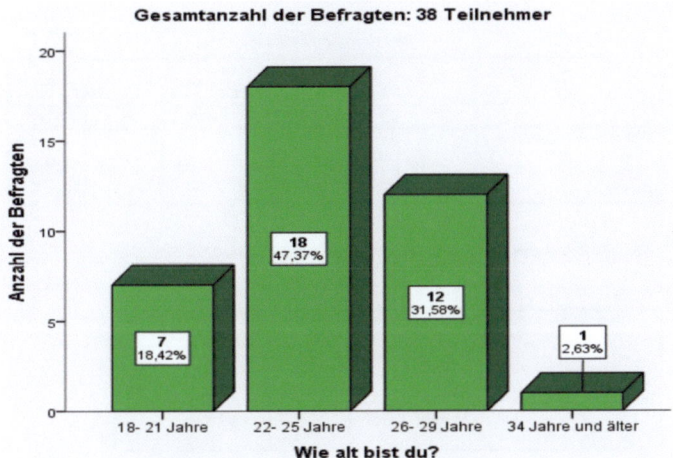

Abbildung 4: Aufteilung der Gesamtbefragten nach Alter
(Eigene Darstellung)

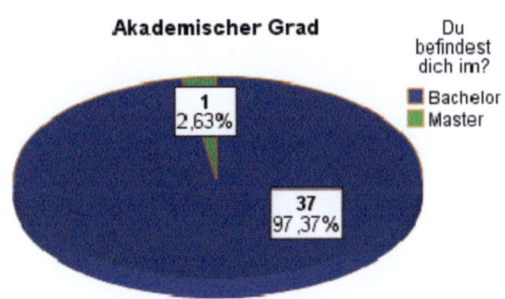

Abbildung 5: Akademischer Grad der Befragten
(Eigene Darstellung)

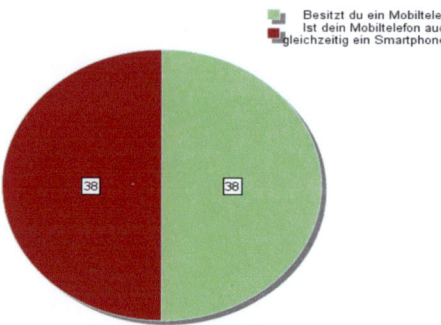

Besitzt du ein Mobiltelefon
Ist dein Mobiltelefon auch
gleichzeitig ein Smartphone?

38 von 38 Teilnehmern besitzen ein Smartphone

*Abbildung 6: Mobiltelefon = Smartphone?*
*(Eigene Darstellung)*

**Case Processing Summary**

| | Cases | | | | | |
|---|---|---|---|---|---|---|
| | Valid | | Missing | | Total | |
| | N | Percent | N | Percent | N | Percent |
| Welches Betriebssystem verwendest du auf deinem Smartphone? * Du bist....? | 38 | 100,0% | 0 | 0,0% | 38 | 100,0% |

**Welches Betriebssystem verwendest du auf deinem Smartphone? * Du bist....?**
**Crosstabulation**

Count

| | | Du bist....? | | |
|---|---|---|---|---|
| | | Männlich | Weiblich | Total |
| Welches Betriebssystem verwendest du auf deinem Smartphone? | Android | 10 | 14 | 24 |
| | iOS | 5 | 8 | 13 |
| | Windows Phone | 1 | 0 | 1 |
| Total | | 16 | 22 | 38 |

*Abbildung 7: Nutzung des Betriebssystem - Gesamt*
*(Eigene Darstellung)*

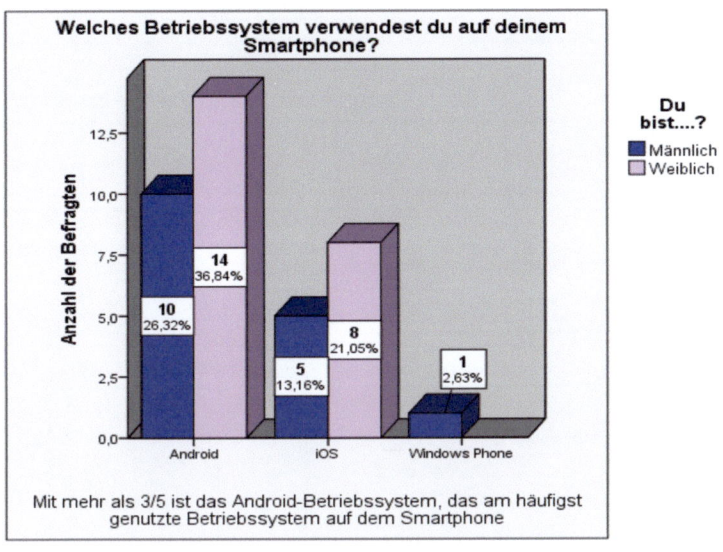

*Abbildung 8: Nutzung des Betriebssystem - Gesamt*
*(Eigene Darstellung)*

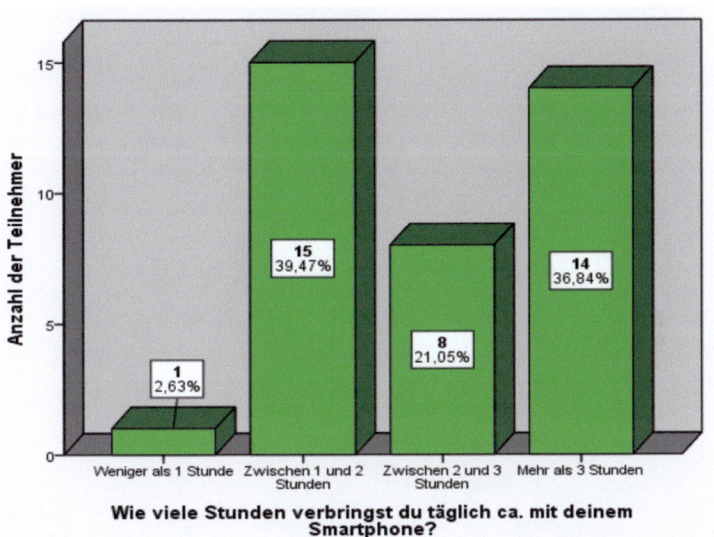

*Abbildung 9: Nutzung des Smartphones am Tag - Gesamt*
*(Eigene Darstellung)*

**Case Processing Summary**

| | Cases | | | | | |
|---|---|---|---|---|---|---|
| | Valid | | Missing | | Total | |
| | N | Percent | N | Percent | N | Percent |
| Wie viele Stunden verbringst du täglich ca. mit deinem Smartphone? * Du bist....? | 38 | 100,0% | 0 | 0,0% | 38 | 100,0% |

**Wie viele Stunden verbringst du täglich ca. mit deinem Smartphone? * Du bist....?**
**Crosstabulation**

Count

| | | Du bist....? | | Total |
|---|---|---|---|---|
| | | Männlich | Weiblich | |
| Wie viele Stunden verbringst du täglich ca. mit deinem Smartphone? | Weniger als 1 Stunde | 1 | 0 | 1 |
| | Zwischen 1 und 2 Stunden | 9 | 6 | 15 |
| | Zwischen 2 und 3 Stunden | 3 | 5 | 8 |
| | Mehr als 3 Stunden | 3 | 11 | 14 |
| Total | | 16 | 22 | 38 |

*Abbildung 10: Nutzung des Smartphones am Tag - Gesamt*
*(Eigene Darstellung)*

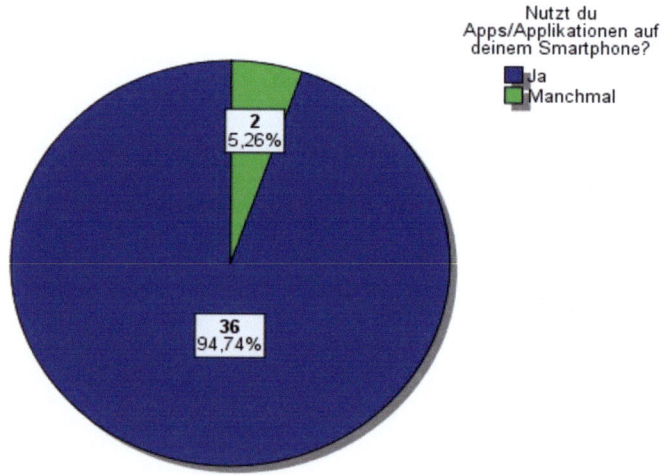

*Abbildung 11: Nutzung von Applikationen - Gesamt*
*(Eigene Darstellung)*

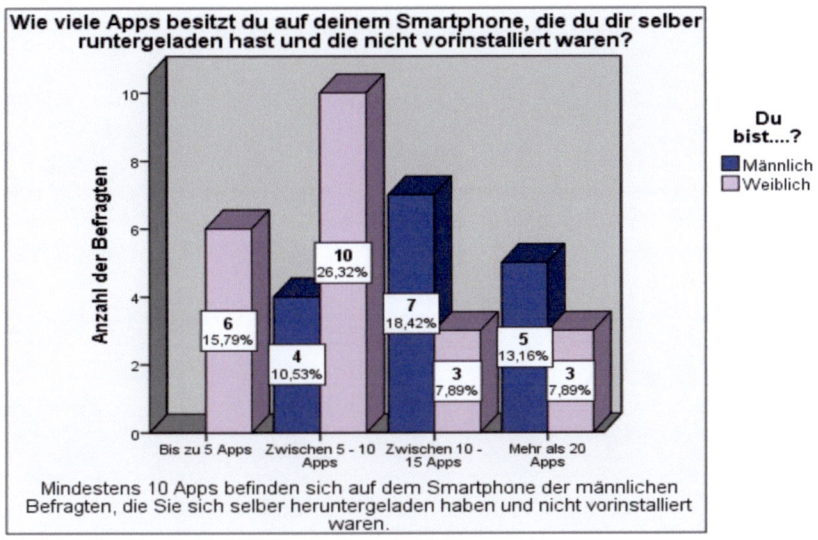

*Abbildung 12: Besitz von Applikationen auf dem Smartphone - Aufteilung nach Geschlecht*
*(Eigene Darstellung)*

**Case Processing Summary**

| | Cases | | | | | |
|---|---|---|---|---|---|---|
| | Valid | | Missing | | Total | |
| | N | Percent | N | Percent | N | Percent |
| Wie viele Apps besitzt du auf deinem Smartphone, die du dir selber runtergeladen hast und die nicht vorinstalliert waren? * Du bist....? | 38 | 100,0% | 0 | 0,0% | 38 | 100,0% |

**Wie viele Apps besitzt du auf deinem Smartphone, die du dir selber runtergeladen hast und die nicht vorinstalliert waren? ' Du bist....? Crosstabulation**

Count

| | | Du bist....? | | Total |
|---|---|---|---|---|
| | | Männlich | Weiblich | |
| Wie viele Apps besitzt du auf deinem Smartphone, die du dir selber runtergeladen hast und die nicht vorinstalliert waren? | Bis zu 5 Apps | 0 | 6 | 6 |
| | Zwischen 5 - 10 Apps | 4 | 10 | 14 |
| | Zwischen 10 - 15 Apps | 7 | 3 | 10 |
| | Mehr als 20 Apps | 5 | 3 | 8 |
| Total | | 16 | 22 | 38 |

*Abbildung 13: Besitz von Applikationen auf dem Smartphone - Aufteilung nach Geschlecht*
*(Eigene Darstellung)*

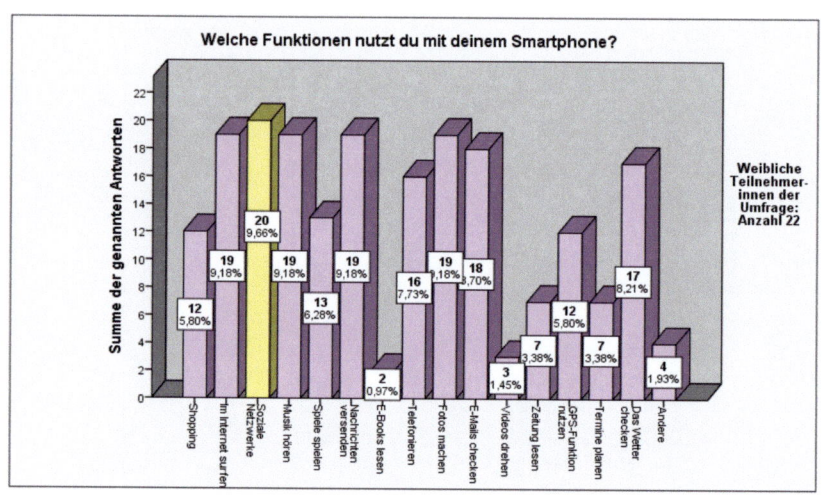

*Abbildung 14: Funktionen-Nutzung via Smartphone - Frauen*
*(Eigene Darstellung)*

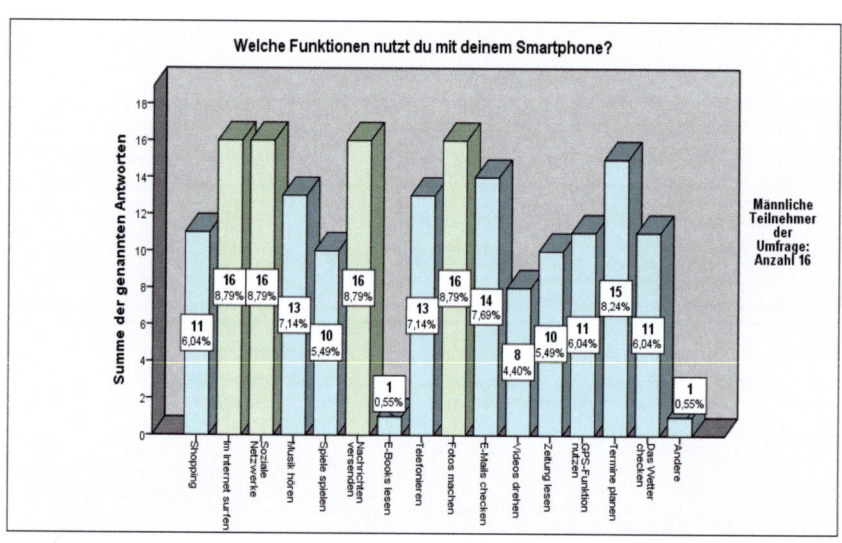

*Abbildung 15: Funktionen-Nutzung via Smartphone - Männer*
*(Eigene Darstellung)*

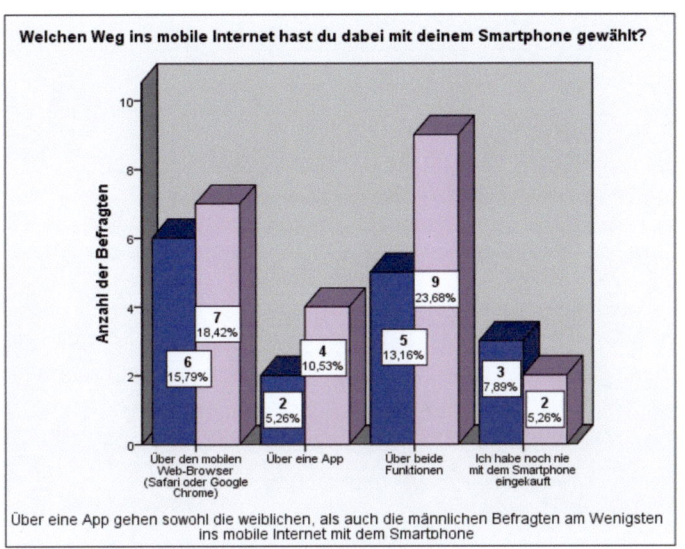

*Abbildung 16: Weg ins mobile Internet - Frauen und Männer*
*(Eigene Darstellung)*

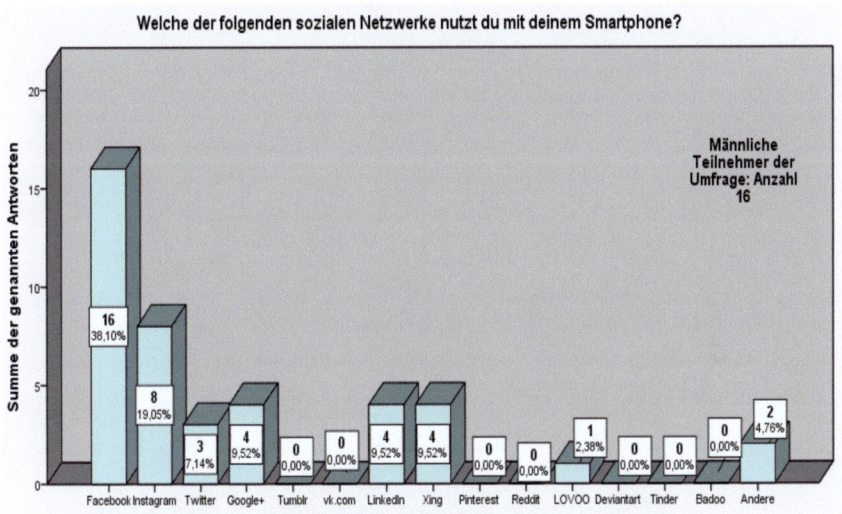

*Abbildung 17: Welche sozialen Netzwerke nutzt du? - Männer*
*(Eigene Darstellung)*

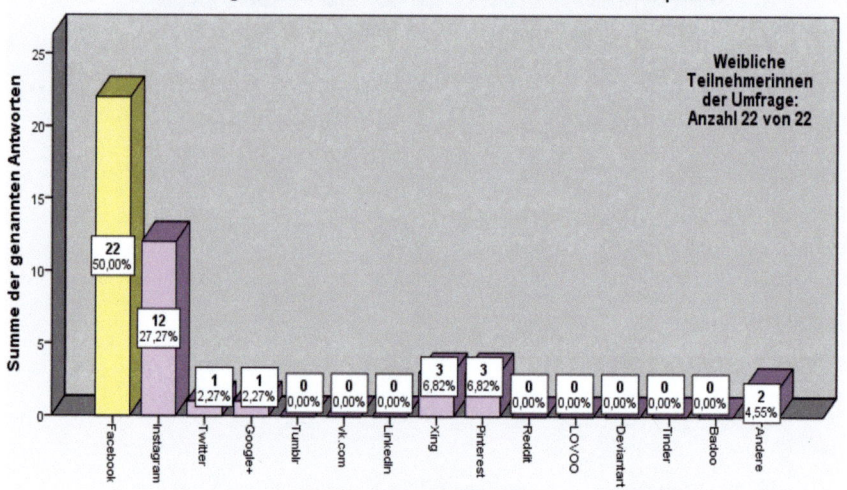

*Abbildung 18: Welche sozialen Netzwerke nutzt du? - Frauen*
*(Eigene Darstellung)*

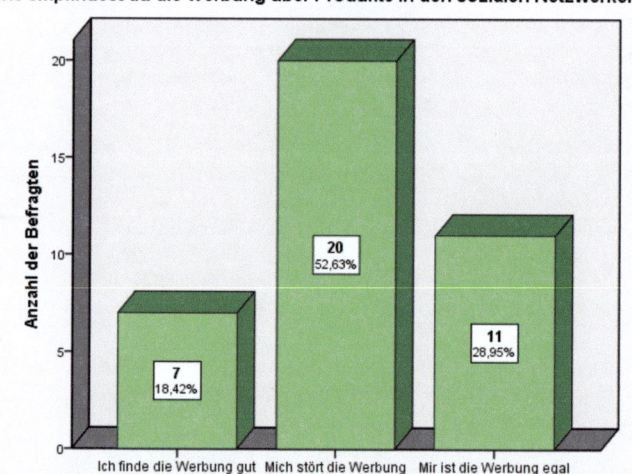

Mehr als die Hälfte der Befragten gaben an, dass Sie sich gestört fühlen, durch die Werbung in den sozialen Netzwerken.

*Abbildung 19: Werbung über soziale Netzwerke*
*(Eigene Darstellung)*